KB002112

Fun English trip
퍼즐영어

PANDA COLLECTION 엮음

 明文堂

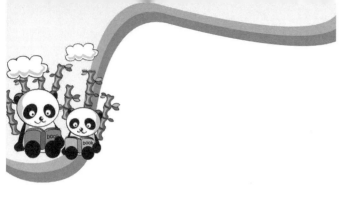

Some people are always grumbling because roses have thorns ;
I am thankful that thorns have roses.

　　　　　　　　　　　　　　　　　　　— Alphonse Karr

장미에 가시가 있음을 늘 불평하는 사람이 있다.
나는 가시에 장미가 있음을 감사한다.

　　　　　　　　　　　　　　　　— 알퐁스 카

차 례

Introductory Remarks(일러두기) / 10

Q 1. Alphabet Game (1) / 11

Q 2. Alphabet Game (2) / 13

Q 3. Bookworm / 15

Q 4. Circus / 17

Q 5. cool as cucumbers / 19

Q 6. I can eat a horse. / 21

Q 7. My wife is an angel / 23

Q 8. Snowing / 25

Q 9. 우문현답 (1) / 27

Q 10. 단어의 변신 (1) / 29

Q 11. Crossword Puzzle ❶ / 31

Q 12. 단어의 변신 (2) / 35

Q 13. 사자성어 ❶ / 37

Q 14. misprint / 39

Q 15. 줄어든 단어 / 41

Q 16. 우문현답 (2) / 43

Q 17, 사자성어 ❷ / 45

Q 18. "To Let" / 47

Q 19. Crossword Puzzle ❷ / 49

Q 20. 선술집의 방문객 / 53

Q21. 빗속을 우산도 없이 / 55

Q22. Konglihsh(콩글리시) / 57

Q23. 까다로운 문장 / 59

Q24. 시장님의 망언 / 61

Q25. 우문현답 (3) / 63

Q26. 속담 퀴즈 ❶ / 65

Q27. 암호문 해독 / 67

Q28. 사자성어 ❸ / 69

Q29. Crossword Puzzle ❸ / 71

Q30. 햄릿의 고민 / 75

Q31. Square Word / 77

Q32. 속담 퀴즈 ❷ / 79

Q33. 말썽이 말썽부리다 / 81

Q34. PASS GAME / 83

Q35. 슈퍼마켓에서 / 85

Q36. 달걀요리 / 87

Q37. Crossword Puzzle ❹ / 89

Q38. 고기풍년 / 93

Q39. 속담 퀴즈 ❸ / 95

Q40. 그림글씨 퍼즐 / 97

Q41. 우문현답 ❹ / 99

Q 42. 조류학자의 의문 / 101

Q 43. 그림 퍼즐 / 103

Q 44. 암탉이 울면 / 105

Q 45. 이름의 뿌리 / 107

Q 46. Crossword Puzzle ❺ / 109

Q 47. 미국의 화폐 / 113

Q 48. 요술거울 / 115

Q 49. 난제(難題) / 117

Q 50. 합성어 퀴즈 / 119

Q 51. 길 잃은 양 / 121

Q 52. 어린이 놀이터 / 123

Q 53. 사라진 글자 / 125

Q 54. ARITHMATICS / 127

Q 55. Crossword Puzzle ❻ / 129

Q 56. 범인은? / 133

Q 57. COMPOSITION / 135

Q 58. 슬랭 테스트 ❶ / 137

Q 59. 슬랭 테스트 ❷ / 139

Q 60. 바람의 빛깔은? / 141

Q 61. 마더 구즈의 노래 / 143

Q 62. 속담 퀴즈 ❹ / 145

Q 63. 이디엄 퀴즈 ❶ / 147

Q 64. Crossword Puzzle ❼ / 149

Q 65. 이디엄 퀴즈 ❷ / 153

Q 66. 이디엄 퀴즈 ❸ / 155

Q 67. 이디엄 퀴즈 ❹ / 157

Q 68. 이디엄 퀴즈 ❺ / 159

Q 69. 이디엄 퀴즈 ❻ / 161

Q 70. 이디엄 퀴즈 ❼ / 163

Q 71. 피살사건의 전말 / 165

Q 72. 가장 긴 단어 / 167

Q 73. Crossword Puzzle ❽ / 169

Q 74. 노상강도 / 173

Q 75. 로빈슨 카루소 / 175

Q 76. 단어 짝짓기 / 177

Q 77. 무슨 말일까? / 179

Q 78. 난문 / 181

Q 79. 수수께끼 ❶ / 183

Q 80. 수수께끼 ❷ / 185

Q 81. 수수께끼 ❸ / 187

Q 82. Crossword Puzzle ❾ / 189

Q 83. 수수께끼 ❹ / 193

Q84. 수수께끼 ❺ / 195

Q85. 술래 / 197

Q86. 의성어 퀴즈 ❶ / 199

Q87. 의성어 퀴즈 ❷ / 201

Q88. 아빠는 어디에? / 203

Q89. 속담 퀴즈 ❺ / 205

Q90. 개와 사랑 / 207

Q91, Crossword Puzzle ❿ / 209

Q92. 사자성어 ❹ / 213

Q93. 알 카포네 / 215

Q94. 백넘버(back number) / 217

Q95. 간호사 / 219

Q96. 웃기는 거래 / 221

Q97. 닭새끼는 병아리 / 223

Q98. 아무도 날 몰라 / 225

Q99. 이니셜 게임 / 227

Q100. Crossword Puzzle (11) / 229

Q101. 동물농장 / 233

Q102. 수영장에서 / 235

Q103. 솔로몬 그룬디 / 237

Q104. 영회화 10계명 / 239

Q 105. 정직한 존 / 241

Q 106. 단어의 왕 / 243

Q 107. 이디엄 퀴즈 ❽ / 245

Q 108. 이디엄 퀴즈 ❾ / 247

Q 109. 이디엄 퀴즈 ❿ / 249

Q 110. Crossword Puzzle (12) /251

Q 111. 크로스워드 마방진 ❶ / 255

Q 112. 크로스워드 마방진 ❷ / 257

Q 113. 크로스워드 마방진 ❸ / 259

Q 114. 알파그램 퍼즐 / 261

Q 115. Crossword Puzzle (13) / 263

부록 : ENGLISH

유 머	HUMOUR
명 언	WISE SAYING
속 담	PROVERB

영어를 가지고 놀자!

퍼즐영어

Fun English trip

Introductory Remarks(일러두기)

문제의 난이도나, 비슷한 문제를 계속해서 푸는 지루함을 없애기 위해 문제의 순서는 무작위로 배열했습니다. 또한 문제에 따라서는 영어실력뿐만 아니라 우문현답식의 재치가 필요할 때도 있습니다.

뒤 페이지의 해답은 풀고 난 뒤에 꼭 읽어보기 바랍니다. 해답의 풀이에서 더 많은 지식을 얻을 수 있을 것입니다.

<CROSS WORD> 문제에서 (3단현)은 3인칭단수 현재형을, (복) 은 복수를, (속)은 속어를 나타냅니다.

Q1. Alphabet Game (1)

아래 그림은 모두 다섯 문자로 구성되어 있는 단어로 두 번째의 문자만이 표시되어 있다. 보다시피 A에서 M까지의 순서로 늘어서 있는데, 빈 칸에는 어떤 문자를 넣어도 상관없다. 단, 힌트를 근거로 해서 각 단어를 완성시켜 보라.

1		A			빵
2		B			below의 반대
3		C			큰 바다
4		D			빈둥거리는 사람
5		E			여름 휴가철에 찾는 곳
6		F			때때로
7		G			secret _____ man 비밀첩보원
8		H			멀리 있는 사람끼리도 속삭인다.
9		I			옛날 이 나이가 되면 잔치를 벌였다.
10		J			tape를 꺼내려면 이 버튼을
11		K			치마
12		L			판금
13		M			수정하다

A.

B	A	K	E	R
A	B	O	V	E
O	C	E	A	N
I	D	L	E	R
B	E	A	C	H
O	F	T	E	N
A	G	E	N	T
P	H	O	N	E
S	I	X	T	Y
E	J	E	C	T
S	K	I	R	T
P	L	A	T	E
A	M	E	N	D

Q2. Alphabet Game (2)

이번에는 N에서 Z까지 늘어서 있다. 역시 오른쪽 힌트를 근 거로 빈 칸을 채워라.

1		N				over의 반대
2		O				성실, 이것이 나의 _____이다
3		P				축구선수들이 신는다
4		Q				= 로 표시한다
5		R				mistake와 동의어
6		S				아시아 사람
7		T				빨대
8		U				달콤하다
9		V				피하다
10		W				노벨상을 _____
11		X				나는 생각한다, 고로 나는 _____
12		Y				그리스 신화의 결혼의 신
13		Z				sky blue

A.

U	N	D	E	R
M	O	T	T	O
S	P	I	K	E
E	Q	U	A	L
E	R	R	O	R
A	S	I	A	N
S	T	R	A	W
S	U	G	A	R
A	V	O	I	D
A	W	A	R	D
E	X	I	S	T
H	Y	M	E	N
A	Z	U	R	E

Q3. Bookworm

bookworm은 『책을 먹는 벌레』 라는 뜻이 있는 반면에 열심히 책을 파는 사람, 즉 『공부벌레』 라는 의미도 있다.

그런데 동서고금의 격언들을 모아놓은 책을 좀벌레들이 먹어치워 구멍투성이를 만들어 놓았다. 각 구멍에는 다음 5개 단어 중 하나가 들어가야 한다. 잘 선택해서 구멍을 메꾸어 보라.

❶ doctor

❷ doubt

❸ future

❹ genius

❺ language

1. As for the adjective, when in   , leave it out.

2. God heals and the   takes the fee.

3. I never think of the   . It comes soon enough.

4.   is one percent inspiration and ninety-nine percent perspiration.

5. No man fully capable of his own   ever masters another.

A.

1. ➡ ❷ : As for the adjective, when in (doubt), leave it out. (형용사에 관해서 의심스러울 때는 쓰지 마라.)—마크 트웨인의 《문장 작법》 중의 한 구절이다. 애매한 형용사는 쓰지 마라. 즉 문장을 간결하게 쓰라는 뜻.

2. ➡ ❶ : God heals and the (doctor) takes the fee. (하나님이 병을 고치고, 의사는 요금을 받는다.)—벤저민 프랭클린의 말이다. 의사들에게는 뼈아픈 말이지만, 어느 정도 진실이다. 인간의 자연치유력이 병을 물리치며, 의사는 그러한 과정을 부축하는 데 불과한 것이다.

3. ➡ ❸ : I never think the (future). It comes soon enough. (나는 미래를 결코 생각지 않는다. 그것은 곧 닥쳐오니까.)—아인슈타인의 말이다. 점이다, 관상이다 해서 미래를 알아보려고 하기보다 현재를 충실히 살라는 말이다.

4. ➡ ❹ : (Genius) is one percent inspiration and ninety nine percent perspiration. (천재는 1%의 영감과 99%의 땀의 소산이다.)—땀은 sweat이라는 쉬운 단어가 있지만, 여기에서는 inspiration↔perspiration이라는 서로 대조적인 단어를 가지고 운율의 조화를 이룬 것이다. 물론 발명왕 에디슨의 말이다.

5. ➡ ❺ : No man fully capable of his own (language) ever masters another. (모국어에 능통한 사람은 외국어를 마스터하지 못한다.)—영국의 유명한 극작가 버나드 쇼의 풍자어린 말이다. 바꾸어 말하면 『자기 나라 말을 잊어버릴 정도로 열심히 외국어를 공부하지 않고는 외국어를 몸에 익힐 수 없다』는 뜻이다.

Q4. Circus

큰 부리를 가진 오리(duck)와, 녹색 등의 개구리(frog), 냄새가 지독한 스컹크(skunk), 이렇게 셋이 서커스 구경을 하러 갔다. 그런데 입구에서 입장료로 1달러씩을 받고 있었다. 그러면 1달러의 입장권을 사서 구경할 수 있었던 동물은 어느 동물일까?

A. 개구리(frog)

the duck은 a bill(부리)을 가지고 있고, the frog는 green back(녹색 등)을 가지고 있다. 그리고,

The poor old skunk couldn't get in because he had only a scent, and it was a bad one.

a bill(부리)에는 어음의 뜻도 있다. 서커스 입장료로 어음은 받지 않는다.

green back(녹색 등)은 달러 지폐를 말하며, back은 buck 과 발음이 비슷하므로 개구리는 서커스를 구경할 수 있다.

한편 skunk는 scent(냄새)밖에 갖고 있지 않았다. scent는 cent와 발음이 같지만, 1 cent로는 서커스 입장료로 턱도 없다.

Q 5. cool as cucumbers

영어에서는 비유를 써서 나타내는 표현이 많은데, 그 발상 자체가 독특하고 아주 재미있다.

예를 들면, gentle as a lamb(양처럼 순한)이라든지, brave as a lion(사자처럼 용감한) 등과 같이 동물이 비유 대상이 되는가 하면, Apollo 15호의 우주인이 침착하게 무사 귀환했을 때 신문은, "They returned cool as cucumbers." 라고 썼다.

"그들은 태연자약하게(오이처럼 냉정히) 귀환했다."와 같이 오이를 냉정함에 비유하는 발상법이 아주 독특하다.

그럼, 비유법을 사용한 다음 어구에 어떤 동물을 집어넣어 완성시켜 보라.

❶ I'm poor as a church _____.
(나는 찢어지게 가난하다)

❷ He is busy as a _____.
(그는 매우 바쁘다)

❸ She is proud as a _____.
(그녀는 아주 뻐기고 있다)

19

A. ❶ mouse   ❷ bee   ❸ peacock

— HUMOUR —

월급쟁이의 일생

He's hired.	그는 채용되어,
He's admired.	칭찬을 받고,
He's inspired.	격려를 받고,
He's mired.	(악에) 물들고,
He's tired.	피로에 지쳐서,
He's fired.	파면을 당하고는
He's retired.	은퇴해 버렸다

Q 6. I can eat a horse.

영어에는 과장된 표현이 많다. 이를테면,

"I cannot swim any more than a pig can fly."

직역하면,

『나는 돼지가 날지 못하는 것과 마찬가지로 헤엄칠 줄 모른다.』

즉 『나는 수영을 할 줄 모른다.』만으로는 강력한 호소력을 줄 수 없을 때 돼지를 끌어들여 강조한 표현이다. 또,

"I will eat my hat if it is true."

직역하면,

『그게 사실이라면 내 모자를 먹겠다.』가 되겠지만,

본래 의도하는 뜻은 『그게 사실이라면 내 손에 장을 지지겠다.』이다.

그럼 다음 두 문장을 우리말로 옮겨 보라.

❶ I could eat a horse.

❷ God knows where he comes from.

A.

❶ 배가 고파 죽겠다.

배가 너무 고파서 말이라도 먹을 수 있다.

❷ 아무도 모른다.

그 남자가 대체 어서 온 사람인지 어떻게 아니, 라는 뜻으로, *God-knows-where : '하나님만이 아실 일이다'라는 뜻이다.

Q7. My wife is an angel

다음은 두 남자가 선술집에 마주앉아서 나누는 대화의 일부분이다. ___ 안에 들어갈 적당한 말을 보기에서 골라 넣어 보라.

A : "My wife is an angel."

B : "You're such a lucky man. Mine is still ___."

보기 : ❶ young ❷ alive ❸ lovely

A. ❷ alive

두 남자의 대화를 옮겨 보면,

A : "우리 집사람은 천사지."

B : "자넨 참 복두 많네그려. 우리 집사람은 아직 ＿＿＿＿."

angel이 대화의 joke 포인트이다. 글자 그대로 해석하면 『천사』가 되는데, angel은 천사처럼 청순하고 예쁘고 상냥하다는 의미로서 쓰이는 것이 보통이다. 그러나 천사라고 해석하면 이미 이 세상 사람이 아니라는 의미도 된다.

여기서는 "자넨 참 복두 많다" 고 전제한 다음, 우리 집사람은 아직 "살아 있다"라고 하는 것이 정답이다.

즉, 상대방 아내가 angel처럼 아름다워서 부럽다는 것이 아니라, 천사가 되어 이미 이 세상에 없으니 속이 시원하겠다는 뜻으로 복이 많다고 말한 것.

Q 8. SNOWING

눈은 녹아 없어지는 것…… 눈이 내린다. 눈은 시간이 지나면 녹아 없어진다. 녹아 없어지는 눈처럼 단어가 사라진다.

눈(SNOWING)의 스펠링 가운데서 어느 한 자만을 뽑아내면 전연 의미가 다른 단어가 된다. 다음에 다시 한 자를 뽑아내면 또 다른 의미의 단어가 된다.

이렇게 한 자 한 자씩 빼 나가면 마지막에 한 글자만 남게 되는데, 이 최후의 한 글자만으로도 훌륭한 단어가 된다. 자, 한 자씩 뽑아내 보시라!

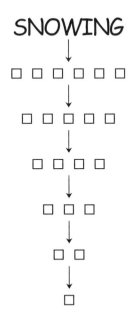

A.

SNOWING
SOWING
SWING
WING
WIN
IN
I

Q 9. 우문현답(1)

우문현답(愚問賢答)을 영어로 "a wise answer to a silly question"이라고 한다. 다음은 미국의 대표적인 Joke들이다. 기지를 발휘하여 물음에 답해 보라.

❶ What is the chief cause of divorce?

❷ In what general direction do the rivers of America flow?

❸ Where was the Declaration of Independence signed?

❹ Why does the Statue of Liberty stand in New York Harbor?

A.

❶ Marriage

"이혼의 주된 원인은 무엇인가?"라는 문제이므로, 그것은 두 말할 것도 없이 『결혼』이다.

❷ From the source to the mouth.

"일반적으로 미국에서는 강물이 어떤 방향으로 흐르는가?" 라고 질문한다면 "원류(source)에서 어귀(mouth)로 흘러든다." 로 답은 이미 결정되지 않겠는가.

❸ At the bottom.

"미국 독립선언문에 사인을 한 곳은?" 그곳이 워싱턴인가? 보스턴인가? 하는 식으로 생각해서는 백날 가도 풀지 못한다. 어떤 사인이건 문장의 맨 마지막에 하기 마련이니까. 얌전하게 "그것은 선언문의 맨 아래쪽 여백이다."라고 대답한다.

❹ Because it can't sit down.

"자유의 여신상은 왜 뉴욕 항에 서 있지?" "왜냐고? 앉아 있을 수 없으니까."라는 미국식 재치.

Q 10. 단어의 변신 (1)

아래 보기와 같이 ❶의 BOAT라는 단어가 한 자씩 바꿔 가면 ❹에서는 LOST로 변신한다.

그럼 오른쪽 힌트를 참고하여 아래 문제를 풀어가 보자.

LANE(오솔길)이 RAIL(선로)로 변신한다.

보기

❶	B	O	A	T
❷	C	O	A	T
❸	C	O	S	T
❹	L	O	S	T

❶	L	A	N	E	오솔길
❷					insane 의 반대
❸	S	A	L	E	bargain ____
❹					옛날 옛적에……
❺					키가 ____
❻					원숭이에게 있고 사람에게는 없다.
❼	R	A	I	L	궤도, 선로

A.

❶	L	A	N	E
❷	S	A	N	E
❸	S	A	L	E
❹	T	A	L	E
❺	T	A	L	L
❻	T	A	I	L
❼	R	A	I	L

Q 11. Crossword Puzzle ❶

¹	²	³			■	⁴	■	⁵
⁶			■		⁷		⁸	
⁹								■
¹⁰			■			■	¹¹	¹²
¹³				¹⁴		¹⁵		
	■		■		■	¹⁶		
■	¹⁷	■	¹⁸				■	
¹⁹		■		²⁰				²¹
²²					■		■	

【ACROSS】

1. make an _____ 신청하다, 제의하다.

6. An eye _____ an eye. (성서) 눈에는 눈(같은 수단에 의한

보복).

7. Line is _____. 통화중입니다.

9. a _____ customer 늘 오는 손님.

   a _____ occurrence 흔히 일어나는(있는) 일.

10. _____ age. 빙하시대.

11. _____ good _____ dead 죽은 거나 다름없는.

13. _____ a festival 축전을 거행하다.

16. _____ one's bed 이부자리에 오줌을 싸다.

18. cow에는 붙지 않는데 ox에는 붙는 관사.

19. Let _____ go. (다른 사람이 아닌) 우리를 가게 해 달라, 보내 달라.

20. You cannot eat your _____ and have it. (속담) 먹은 과자는 손에 남지 않는다. 동시에 양쪽 다 좋은 일은 없다. (복)

22. 물이 많은 과일로서 미인을 가리키기도 한다.

【DOWN】

1. _____ of adviser 고문의 직책.

   _____ boy 사환, 급사.

2. air _____ 공군.

3. 자유롭게.

4. We had a lot of _____ at the picnic. 피크닉은 아주 재미있었다.

5. _____ Tom.   내 아들 톰, 내 남편 톰.

7. the Great(Little) _____   큰(작은) 곰자리.

8. the Secretory of _____   국무장관.

12. _____ flowers is a vase   꽃을 꽃병에 꽃꽂이하다.

14. _____ marking   요즘 한창 관심을 쏟고 있는 경제 이론으로서, 잘나가는 기업을 관찰해서 자기 기업에 응용하는 것.

15. _____ from a long sleep   긴 잠에서 깨어나다.

17. Is this of any _____ to you?   이것이 네게 무슨 쓸모가 있겠니?

19. _____ and down   왔다갔다, 여기저기.

21. _____ far as I know   내가 알고 있는 한에서는.

C	O	C	K		W	I	T	H
R		U			A		H	E
O	U	R	S	E	L	V	E	S
S		T	A	L	K			I
S	T	A	N	D		A	R	T
	H	I	D	E		L		A
S	I	N		R	O	A	S	T
O	N		T			R		E
	G	O	O	D		M	A	D

Q 12. 단어의 변신 (2)

이제 BLACK을 WHITE로 세탁해 보자. 검은 것을 하얗게 하기는 쉽지 않은 일이다. 그래서 ❻을 힌트로 제시했다. shale은 지질학에서 말하는 혈암(頁巖 : 점토가 수중에 퇴적하여 굳어진 것). 요즘 shale gas가 석유를 대체하고 있다.

❶	B	L	A	C	K	
❷						느슨한
❸						건초더미
❹						줄기
❺						김빠진
❻	S	H	A	L	E	혈암
❼						고래
❽						힌트 없음
❾	W	H	I	T	E	

A.

❶	B	L	A	C	K
❷	S	L	A	C	K
❸	S	T	A	C	K
❹	S	T	A	L	K
❺	S	T	A	L	E
❻	S	H	A	L	E
❼	W	H	A	L	E
❽	W	H	I	L	E
❾	W	H	I	T	E

Q 13. 사자성어 ❶

왼쪽 사자성어(四字成語)와 같은 의미에 해당하는 영문을 오른쪽에서 찾아 선으로 연결해 보라. 먼저 사자성어의 의미부터 아는 것이 급선무.

가 인 박 명
佳人薄命 ㉮   ❶ drink like a fish

건 곤 일 척
乾坤一擲 ㉯   ❷ surge back again with fresh force

고 장 난 명
孤掌難鳴 ㉰   ❸ Beauties die young.

권 토 중 래
卷土重來 ㉱   ❹ playing a game of 'all or nothing'

두 주 불 사
斗酒不辭 ㉲   ❺ It takes two to tango.

A.

㉮ ― ❸

㉯ ― ❹

㉰ ― ❺

㉱ ― ❷

㉲ ― ❶

佳人薄命 : 미인은 운명이 기박하다. 곧 미인은 팔자가 사나
　　　　 움을 일컫는 말.

乾坤一擲 : 승패와 흥망을 걸고 마지막으로 결행하는 단판승
　　　　 부를 이르는 말.

孤掌難鳴 : 외손뼉은 울릴 수 없다는 뜻으로, 혼자서는 일을
　　　　 이루지 못하거나, 맞서는 사람이 없으면 싸움이 되
　　　　 지 않음을 일컫는 말.

卷土重來 : 한번 싸움에 패하였다가 다시 힘을 길러 쳐들어오
　　　　 는 일, 또는 어떤 일에 실패한 뒤 다시 힘을 쌓아
　　　　 그 일에 재차 착수하는 일을 비유하는 말.

斗酒不辭 : 말술을 사양하지 않는다는 말로, 주량이 세다는
　　　　 뜻을 일컫는 말.

Q 14. misprint

어느 교회에서 전도 집회를 위하여 다음과 같은 전단을 만들어 뿌렸다.

"Change your wife through prayer."
will be the sermon subject on Sunday.

이 전단을 읽은 많은 남자들이 "이번 기회에 나도 꼭 신자가 되고 싶다"고 교회로 물밀듯이 몰려들었다.

그런데 이 전단에는 중요한 한 글자의 미스프린트가 있었던 것이다. 나중에 목사님으로부터 오자가 있었다는 것을 듣고 모여들었던 남자들은 저마다 얼굴에 실망하는 빛을 띠고 모두 집으로 돌아가 버렸다.

그러면 과연 어디에 미스프린트가 있었을까? 그것을 바로잡으라.

A. wife를 life로.

원래 전단의 구호는,

"기도로써 당신의 인생을 바꾸라."

고 하려던 것이었는데,

"기도로써 당신의 아내를 바꾸라."

로 미스프린트가 되었던 것.

남자들이 벌떼같이 모여든 것은 이 때문이며,

"wife가 아니라 life로 고쳐야 한다"고 정정하자, 모두 "뭐야, 헛물만 켰잖아." 하고 실망하며 돌아가 버렸던 것이다.

Q 15. 줄어든 단어

세상은 스피드 시대가 되었다. 모든 것에서 빠르거나 편리한 것이 요구되고 있다. 그래서 단어 중에도 긴 것은 줄여 쓰는 예가 적지 않다. 예를 들면,

advertisement → ad
cucumber → cuke
examination → exam
hippopotamus → hippo
memorandum → memo
telephone → phone
zoological garden → zoo

이 밖에도 많이 있다. 그러면 우리말에서도 『유행성 독감』을 그냥 『독감』이라고 하듯, influenza를 줄여서 어떻게 말하겠는가?

influenza ➡ ?

A. flu

― COMIC VERSE ―

FANCY!

"Oh, fancy, your father, a tailor, letting you go about in those old trousers!"

"Well, what of it? Your father's a dentist, and yet your baby hasn't any teeth!"

어머, 기가 막혀!

"어머, 기가 막혀! 너네 아빠 양복 만드는 사람인데두 네 그 낡은 바지 꼴이 뭐니?"

"그래, 그게 어쨌다는 거야! 네 아빠 치과의산데두 너네 아긴 이 빨이 하나두 없던데?"

Q 16. 우문현답 (2)

다음의 Joke에 대해서 재치 있게 답해 보라.

❶ What did the monkey say when he rode down the giraffe's neck?

❷ Who made the first airplane that didn't work?

❸ Do you know what kind of skins make the best slippers?

❹ What kind of animal has a head like a dog and a tail like a dog, but is not a dog?

A.

❶ "So long!"

"기린의 목에서 미끄러져 내려온 원숭이는 뭐라고 중얼거렸을까?"

"안녕!"

❷ The Wrong Brothers

"날지 못하는 비행기를 발명한 사람은 누구지?'"

"그것은 Wrong 형제지."

즉 첫 비행에 성공한 것이 라이트 형제(The Wright Brothers)라면, 날지 못하는 비행기 발명자는 Wrong 형제가 될 밖에…….

❸ bananas

"가장 좋은 slipper를 만드는 skin은 어떤 것인지 알고 있나?"

"그거야, 바나나 껍질이지."

❹ a puppy

"머리가 꼭 개를 닮았고, 꼬리 또한 영락없이 개를 닮았지만, 개는 아닌 동물은 무엇이지?"

"강아지."

dog은 일반적으로 개의 총칭이지만 특히 수캐를 가리킨다. puppy는 아직 자라지 않은 작은 개를 말한다. 젖비린내 나는 풋내기라는 의미도 있다.

Q 17. 사자성어 ❷

왼쪽에 열거한 사자성어는 어떤 사람을 일컬어 이렇게 부른다. 오른쪽에서 같은 의미의 영문을 찾아 연결해 보라.

白^백手^수乾^건達^달 ㉮   ❶ an isolated person

月^월下^하老^노人^인 ㉯   ❷ a green-horn

梁^양上^상君^군子^자 ㉰   ❸ a good-for-nothing

獨^독不^불將^장軍^군 ㉱   ❹ a thief

白^백面^면書^서生^생 ㉲   ❺ a matchmaker

A.

㉮ — ❸

㉯ — ❺

㉰ — ❹

㉱ — ❶

㉲ — ❷

白手乾達 ^{백 수 건 달} : 돈 한 푼 없이 빈둥거리며 놀고먹는 건달. 『건달』
은 직업이 없으면서 남에게서 금품을 빼앗거나 도움
을 받아 잘 차리고 다니는 남자.

月下老人 ^{월 하 노 인} : 부부의 인연을 맺어 주는 중매인을 일컫는 말.

梁上君子 ^{양 상 군 자} : 들보 위의 군자라는 뜻으로 도둑을 가리키는 말.

獨不將軍 ^{독 불 장 군} : 무슨 일이든 자기 생각대로 혼자서 처리하는 사람.

白面書生 ^{백 면 서 생} : 글만 읽어 얼굴이 창백한 사람이라는 뜻으로, 글
만 읽어 세상 물정에 어둡고 경험이 없는 사람을 이
르는 말.

Q 18. "To Let"

어떤 사람이 집을 세놓기 위해 "TO LET"이라고 종이에다가 크게 써 붙여 놓았는데, 아무리 기다려도 찾아오는 사람이 없었다. 나중에 알고 보니 누군가가 그 종이 위에다 한 글자를 더 써 넣어 장난질을 쳤기 때문이었다.

도대체 어떤 장난을 쳤을까?

A. To와 LET 사이에 I를 써 넣었다.

즉 『TO LET』이 『TOILET』으로 되어버렸던 것이다.

세를 놓는다는 표시로 『To Let』이라고 게시하는 것은 영국식이다. 미국에서는 보통 『For Rent』라고 한다. 다만 미국에서도 New England 지방에서는 영국식으로 『To Let』을 사용한다.

Q 19. Crossword Puzzle ❷

1		2		■	3		4	5
	■		■			■	6	
7			8	9				
	■	10				■		
11	12				■	13		
■	14				■		■	
15			■	16				
17		■	18	■			■	
■	19			■		20		

【ACROSS】

1. _____ and hen party 남녀가 뒤섞인 파티.

3. I always a camera _____ me. 나는 항상 카메라를 휴대
한다.

6. 형사나, 범인이나 남자 한 사람이라면 이것을 가리키는 지시대명사.

7. 우리 자신.

10. People will _____. (속담) 세상은 말이 많은 법

    _____ behind a person's back 남의 험담을 하다.

    _____ of the devil and he is sure to appear. (속담) 호랑이도 제 말 하면 온다.

11. _____ on one's hands 물구나무서다.

13. _____ is long, life is short.

14. _____-and-seek 숨바꼭질.

15. original _____ 원죄.

16. _____ meat on a spit 꼬챙이에 꽂아 고기를 굽다.

17. on and _____ 줄곧, 계속해서.

19. The man who had been shot was as _____ as dead. 총에 맞은 그 사나이는 죽은 거나 다름없었다.

20. a _____ dog 미친 개.

【DOWN】

1. _____ word 당신이 지금 풀고 있는 것.

2. the Iron _____

   _____ call

   a _____ of smoke 연막.

3. _____ don't run.

Sprits _____ at nigths.   유령은 밤에 나다닌다.

5. 망설이다.

8. _____ 、 glass, _____ 、 paper, _____ 、 castle

9. I have an _____ brother and two younger brothers.

12. all _____s 만물, 삼라만상.

Guns are deadly _____s. 총은 목숨을 빼앗는 물건이다.

13. 경보를 내다. 원래는 "To the arms!"(무기를 들어라!)라는 뜻.

15. Is that _____?

18. from generation _____ generation 대대로, 자자손손.

C	O	C	K		W	I	T	H
R		U			A		H	E
O	U	R	S	E	L	V	E	S
S		T	A	L	K			I
S	T	A	N	D		A	R	T
	H	I	D	E		L		A
S	I	N		R	O	A	S	T
O	N		T			R		E
	G	O	O	D		M	A	D

Q 20. 선술집 방문객

미국 서부의 한 선술집에 한 마리의 곤충이 들어서더니, 다짜고짜 다음과 같이 물었다.

"Is the bar tender here?"

이 한 마디 물음으로 이 곤충의 정체를 알 수 있을까? 아래 보기의 여섯 가지 곤충 가운데서 골라 보라.

[보기]

❶ a dragonfly

❷ a butterfly

❸ an ant

❹ a pond skater (소금쟁이)

❺ a termite (흰개미)

❻ a gold bug (풍뎅이)

A. ❺ a termite

"Is the bar tender here?"를

"바텐더 있습니까?"라고 번역해서는 안된다. 왜냐하면 그런 경우에는,

"Is the bartender here?"

가 되기 때문이다.

bar와 tender가 떨어져 있는 것에 주의하면

"이 (카운터의) bar(막대)는 부드러운가?"라는 것을 곧 알게 된다.

그러므로 나무막대를 갉아먹는 곤충은 흰개미밖에 없기 때문에 a termite가 정답이 된다.

Q 21. 빗속을 우산도 없이

아래 문장을 읽고 대답하라.

A man went for a walk when it started to rain. He didn't have a hat and he wasn't carrying an umbrella. He kept walking.

His clothes got wet and his shoes got wet, but his hair didn't get wet. Why?

A. He was bald. (그는 대머리였다.)

for ready money : 현금으로

small money : 잔돈

be made of money : 돈을 무진장 많이 가지고 있다

be out of money : (속) 돈에 궁하다.

lose money : 손해를 보다.

raise money on : ~을 저당 잡혀 돈을 장만하다.

make money fly : 돈을 물 쓰듯 하다.

sink money : 돈을 낭비하다.

put money into : ~에 돈을 투자하다.

There is money in it. : 돈벌이가 된다.

Time is money : (격언) 시간은 돈이다.

Money begets money. (속담) 돈이 돈을 번다.

Q 22. Konglihsh(콩글리시)

Foreigner(외국인)에게는 통하지 않는, 오로지 한국 사람들 끼리만 통하는 이른바 Konglish(**Ko**rean+En**glish**)에 대한 문제를 풀어 보자.

그런데 이런 잘못된 loan words(외래어)는 일본에서 건너온 것들이 대부분인 것 같다. 따라서 Konglish라고 말하기도 실은 어색한 것이다. 좌우지간 이런 외래어의 정확한 표기법을 알아보기로 하자. 그럼 다음 Konglish의 정확한 표기법을 말해 보라.

(1) <u>모르모트</u>(marmot)

(2) 사인

(3) 컨닝(cunning)

(4) 트렁크(trunk)

(5) 갱(gang)

(6) 맨션(mansion)

(7) 백미러

(8) 리어카

(9) 올드미스

(10) handle

(11) well-being

(12) 샤프펜슬(sharp)

A.

(1) guinea pig : 의학실험용으로 쓰이는 줄로 아는 『모르모트』, 아니 『마머트』는 알프스 산속이나 피레네 산맥에 사는 설치류이다. 즉 다람쥐(squirrel) 족속이다. 그러나 진짜 실험용 동물은 기니피그(guinea pig)라고 한다.

(2) signature 또는 autograph : 야구의 도루(steal) 사인이나 승리의 V사인이라면 몰라도, 탤런트나 스포츠 스타에게 "사인을 받다" 등에서 서명의 의미로 『사인』을 사용하는 것은 잘못이다.

(3) cheating 또는 cribbing : 우리가 흔히 쓰는 시험의 부정행위는 『커닝』이라고 하지 않는다. 우리말 그대로 『부정행위』를 영어로 표현하자면 'dishonest conduct'가 된다. cunning은 『교활한』이란 형용사이기 때문이다.

(4) suitcase, attache case : 가방이 모두 트렁크는 아니다. 옷 한두 벌 들어가는 여행용 가방은 suitcase, 서류가방은 attache case라고 한다.

(5) gangster : gang은 gangster의 집단을 말한다. 그래서 『갱단(團)』이라고 『단』자를 붙여 말하는 것은 이상하다. gang의 단수는 gangster인데도.

(6) mansion은 『대저택』을 말한다.

(7) rear view mirror 또는 rear vision mirror

(8) bicycle-drawn car

(9) old maid

(10) steering wheel

(11) healthy

(12) mechanical pencil

Q 23. 까다로운 문장

아래 문장은 영어의 초보자라도 알 수 있는 아주 기본적인 단어들만으로 구성되어 있지만, 해석하기가 그리 만만치 않다. 한번 정확히 옮겨 보자.

❶ I never saw a saw saw a saw.

❷ Have you ever seen a ski jump?

❸ Saying and doing are two things.

❹ What was was before was was was?

A.

❶ 나는 톱이 톱을 켜는 것을 본 적이 없다.

세 개의 saw를 ① see의 과거형, ② 명사인 톱, ③ 동사인 톱으로 켜다, 로 구별하지 못하면 풀 수 없다.

❷ 당신은 스키가 점프하는 것을 본 적이 있는가?

'a ski jump'는 이 경우 명사는 아니다. jump는 동사의 부정사. 『see+명사+부정사(to를 수반하지 않는다)』라는 문법의 기초를 연상하면 될 것이다.

❸ 말하기는 쉽고 그것을 행동으로 옮기기는 어렵다(말하는 것과 그것을 행동으로 옮기는 것은 별개의 문제다). 이것은 속담으로, 즉 얼핏 보기에는 쉬운 것 같지만, 제대로 이해하기란 꽤 까다로운 경우에도 사용할 수 있는 말이다.

❹ was가 was가 되기 전에는 was는 무엇이었던가? 즉, 그 was는 is였던 것이다.

Q 24. 시장님의 망언

이탈리아의 로마 시와 자매결연을 하기 위해 로마에 찾아온 영어가 서툰 동양의 어느 나라 시장님, 로마 시민의 뜨거운 환영 속에 열린 리셉션에서 일장 연설을 하는데, 열심히 외어 온 영어 인사말,

"When in Rome, do as the Romans."

(로마에 가면 로마인이 되어라.)

라는 말 가운데서 너무 긴장한 나머지 한 마디를 빼먹고 말해 버렸다. 그러자 청중들로부터 엄청난 야유와 질타를 받게 되었다.

그렇다면, 시장님께서 빼먹은 한 마디는 무엇일까?

A. as

시장님은 로마행 비행기 안에서도 열심히 암송을 했지만, 막상 연설을 하게 되자 긴장이 되었는지,

"When in Rome, do the Romans."
라고 해버린 것이다.

do the Romans는 『로마인을 해치우자』라는 의미가 되어버린다.

*do : 속어로 죽이다, 속이다의 뜻이 있음.

Q 25. 우문현답 (3)

다음 riddle에 대답해 보자.

❶ What is green and sings?

❷ Which is the strongest day of the week?

❸ What is it that a poor man has and a rich man wants?

❹ Why is a baker like a beggar?

A.

❶ Elvis parsley

"노래를 부르는 푸른 야채는?"

"엘비스 파슬리!"

❷ Sunday

"일주일 중에 가장 힘센 요일은 무슨 요일?"이라는 질문. 일요일 이외는 weekday(weak day)이므로.

❸ Nothing

"가난한 사람은 가지고 있고, 부자가 가지고 싶어 하는 것은 무엇인가?"라는 질문.

"a poor man has nothing and a rich man wants nothing" 이라고 대입해 보면 일목요연하다. 즉 "가난한 사람은 아무것도 가지고 있지 않고, 부자는 더 이상 아무것도 갖고 싶어 하지 않는다"는 말이 된다.

❹ He kneads(needs) bread.

"왜 빵장수는 거지와 닮았는가?"라는 질문이니까, 빵장수는 빵을 kneads(반죽하다)하고, 거지는 빵을 need(필요로 하다)하고 있는 점.

Q 26. 속담 퀴즈 ❶

(   ) 안에 적당한 단어를 채워 속담을 완성시켜 보라.

❶ All is (   ) in love and war.
  (사랑과 전쟁은 수단과 방법을 가리지 않는다.)

❷ (   ) Jack has his Gill.
  (고무신도 짝이 있다.)

❸ Birds of a feather (   ) together.
  (유유상종 類類相從)

❹ A (   ) learning is a dangerous thing.
  (선 무당이 사람 잡는다.)

❺ A (   ) shows which way the wind blows.
  (한 잎 낙엽이 떨어지는 것을 보고 세상에 가을이 온 것을 안다 : 일엽낙지천하추—葉落知天下秋)

❻ Two (   ) are better than one.
  (백짓장도 맞들면 낫다.)

A.

❶ fair

❷ Every

❸ flock

❹ little

❺ straw

❻ heads

5. 당나라 사람이 시를 지어서 말했다.

"산 속의 중은 세월을 헤아리지 않아도 한 잎 낙엽이 떨어지는 것을 보고 세상에 가을이 온 것을 안다(山僧不解數甲子 一葉落知天下秋)."

갑자(甲子)는 십간십이지(十干十二支)를 말하는데, 여기에서는 세월을 뜻한다.

이 시에 나타난 『일엽낙지천하추(一葉落知天下秋)』란 사물의 징조를 보고 대세를 살핀다는 뜻으로 사용된다.

Q 27. 암호문 해독

다음은 미 CIA의 요원 모집 시험문제이다. 아래 문자의 나열은 언뜻 보아 아무런 의미도 없는 것처럼 보이지만, 실은 그 모두가 중요한 비밀지령이다. 암호해독의 열쇠가 되는 secret codes를 찾아내어 바른 글로 고쳐라.

❶ DNES SIHT EGASSEM OT MIH TAHT I EVOL MIH.

❷ MEETBMEBATBTHEBCAFEBATBTENBPMB.

❸ XLMTIZGFOZGRLMH GLN!

A.

❶ SEND THIS MESSAGE TO HIM THAT I LOVE HIM. — 각 단어를 거꾸로 써 놓은 것.

❷ MEET ME CAFE AT TEN PM. — 각 단어의 끝에 『B』가 붙어 있는 것. B만 모조리 떼어내 보라.

❸ CONGRATULATIONS TOM!

알파벳의 A를 Z, B를 Y로, C를 X로……이런 식으로 반대로 문자를 맞춘 암호문서.

Q 28. 사자성어 ❸

다음은 사자성어와 같은 의미의 영문을 연결해 놓았다. ( ) 안에 알맞은 영단어를 넣어 보라.

❶ 漁父之利 → fish in troubled (　　)
　어부지리

❷ 光陰如箭 → Time flies like an (　　)
　광음여전

❸ 難兄難弟 → (　　) to tell who is better
　난형난제

❹ 主客顚倒 → putting the cart before the (　　)
　주객전도

❺ 覆盃之水 → It's no use crying over spilt (　　).
　복 배 지 수

A.

❶ water

❷ arrow

❸ hard

❹ horse

❺ milk

Q 29. Crossword Puzzle ❸

1	2			3	4		5	
6		■		7		8		■
9		10	11	■	12			
13				14				■
15					■		■	16
■		■	17	18		19		
20		21			■	22		
	■	23				■		
24					■	25		

【ACROSS】

1. a _____ market 공설 시장, _____ interests 공익.

5. I am very hungry. _____ am I.

6. United States

71

7. all _____(s) of 온갖 종류의.

9. Fools _____ in where angels fear to tread. (속담) 하룻
강아지 범 무서운 줄 모른다.

12. take a _____ off one's mind 마음의 무거운 짐을 벗다.

13. _____-to-Monday 주말의(휴가 : weekend).

15. power _____ 권력을 잡은 시민사회의 새로운 지배자.

20. _____ this road at the corner. 길모퉁이가 나올 때까지
이 길을 죽 따라가시오.

22. a story based _____ fact 사실에 입각한 이야기.

23. 옛날 이름이 Persia인 왕국.

24. _____-nine times out of a hundred 거의 언제나.

25. 오 오!

[DOWN]

1. 돈지갑.

2. as _____ 여느 때처럼.

3. be 동사.

4. in _____ blood 냉정하게, 냉혹하게.
_____ war 냉전.

5. _____-at-home 집에 틀어박혀 있는 (사람).

8. the _____ to peace 평화에의 길.

10. _____ waters run deep. (속담) 잔잔한 물이 깊다.

11. 오두막.

14. the weather _____ 기상통보.

_____ card 성적표.

16. 10th

18. fade _____ 사라지다.

19. go _____ school 통학하다.

20. _____ oneself 부채질하다.

ventilating _____ 환풍기.

21. Let sleeping dogs _____. (속담) 긁어 부스럼 만들지 말라.

A.

P	U	B	L	I	C		S	O
U	S			S	O	R	T	
R	U	S	H		L	O	A	D
S	A	T	U	R	D	A	Y	
E	L	I	T	E		D		T
		L		P	A	S	T	E
F	O	L	L	O	W		O	N
A			I	R	A	N		T
N	I	N	E	T	Y		O	H

74

Q 30. 햄릿의 고민

대학생 명수는 내일부터 시작되는 학기말 시험을 앞두고 안절부절못하고 있다. 그도 그럴 것이, 당일치기로 시험공부를 하려던 참이었는데, 때마침 World Cup 축구 아시아 지역 최종예선전 숙적 한국 대 일본의 경기가 오늘밤 TV로 중계 예정되어 있는 게 아닌가.

명수는 TV 앞을 왔다 갔다 하면서 저 유명한 햄릿(Hamlet)과도 같이 심각한 표정을 지으며, 무슨 말인가를 중얼거리고 있다. 과연 명수는 뭐라고 중얼거렸을까?

참고로, 햄릿의 독백은,

"To be or not to be that is the question."

A. "TV or not TV, that is the question."

즉, "TV를 볼 것인가, 말 것인가, 그것이 문제로다."

물론 저 유명한 셰익스피어의 비극 《햄릿》에서 Hamlet의 독백 "To be or not to be, that is the question."을 흉내 낸 것이다.

Q 31. Square Word

다음은 크로스워드퍼즐의 일종이다. 빈칸을 채워 보라.

1. (above) tap lightly
   (down) to bind
   (left) household animal
   (right) an article

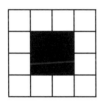

2. (above) wet weather
   (down) story
   (left) wooden flat boat
   (right) short letter

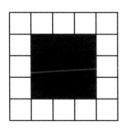

3. (above) deserve, virtue
   (down) younger years
   (left) coins, currency
   (right) feel

A.

1.

2.

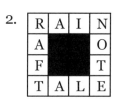

3.

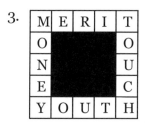

Q32. 속담 퀴즈 ❷

다음 영어속담과 유사한 우리말 속담을 찾아보라.

❶ Let's sleeping dogs lie.

❷ It is too late to shut the stable door when the horse is stolen.

❸ Don't count your chickens before they are hatched.

❹ Tread on a worm, and it will turn.

❺ Strike while the iron is hot.

❻ He that lies with dogs must rise with fleas.

❼ Talk of the devil, and he's presently at your elbow.

❽ Extremes meet.

A.

❶ 긁어 부스럼 만들지 마라.

❷ 소 잃고 외양간 고치기.

❸ 떡 줄 놈은 생각도 않는데 김칫국부터 마신다.

❹ 지렁이도 밟으면 꿈틀한다.

❺ 쇠뿔은 단 김에 뽑아라.

❻ 근묵자흑(近墨者黑).

❼ 호랑이도 제 말 하면 온다.

❽ 바보와 천재는 종이 한 장 차이.

Q33. 말썽이 말썽부리다

여기에 짧은 영문 하나를 직역해 놓았다.

"말썽이 당신에게 말썽부릴 때까지 말썽이 말썽부리게
하지 마라."

라는 말이 되는데, 이 『말썽』을 『trouble』이라는 단어를 사용
하여 원문을 만들어 보라.

만일 이 문제를 풀 수 있는 사람이라면 그야말로 말썽을 말
썽부리지 않고 해결할 사람. 그러나 이 문제를 못 푸는 사람은
없는 말썽까지 만들어 가며 말썽부리는(?) 사람이다.

좌우지간 풀면 대단한 실력자!

A. Never trouble trouble till trouble troubles you.

trouble에는 걱정, 고민, 재난, 말썽, 분쟁 등의 별로 달갑지 않은 의미들이 있다.

"Don't get into trouble!" (말썽 피우지 마!)

Q 34. PASS GAME

pass away라고 하면 『경과하다, 사라지다, 죽다』라는 뜻이 있고, pass out은 『기절하다, 정신을 잃다』 등 pass라는 단어의 응용 범위는 꽤 넓다.

그런데 다음의 말들은 학교 영어시간에도 가르쳐주지 않는 말인데, 미국에서는 걸음마를 하기 시작한 어린애도 알고 있다. 자, 그럼 다음은 무슨 뜻인가?

❶ pass wind :

❷ pass water :

A.

❶ 방귀 : 방귀를 바람에 비유한 것은 양의 동서를 불문하고 공통인 것 같다. 방기(放氣)라는 한자의 뜻도 공기, 즉 바람을 방사한다는 뜻에서 나온 말이다.

❷ 오줌 누다 : 위와 같은 의미.

Q 35. 슈퍼마켓에서

Mrs. Brown은 오늘도 슈퍼마켓 전단광고를 보고 필요한 물건을 체크하기 시작했다.

아래의 오른쪽 줄은 Mrs. Brown이 사기 위해 메모한 상품 이름들이고, 왼쪽 줄은 그 상품에 대한 catchphrase다. 어떤 상품에 어떤 catchphrase가 붙어 있는지 선으로 연결시켜 보라.

From the sea previously frozen •   • Yogurt

Cut from Shoulders •   • Bread

Red Delicious •   • Pineapple

Big roll, Single ply •   • Shampoo

Disposable •   • TV food

Hawaiian fresh •   • Diapers

Normal·Dry·Oily •   • Paper towels

Oven fresh economy pack •   • Lamb chops

Ready-to-serve •   • Apples

With real fruit •   • Shrimp meat

A.

From the sea previously frozen —— Shrimp meat

Cut from Shoulders ———————— Lamb chops

Red Delicious —————————— Apples

Big roll, Single ply ——————— Paper towels

Disposable ——————————— Diapers

Hawaiian fresh ————————— Pineapple

Normal · Dry · Oily ——————— Shampoo

Oven fresh economy pack ———— Bread

Ready-to-serve ———————— TV food

With real fruit ————————— Yogurt

Big roll, Single ply : 큰 뭉치, 한 겹

Disposable : 사용하고 버리는 것.

Normal · Dry · Oily : 여기서는 중성 · 건성 · 지루성 머리카락용
이 된다.

Oven fresh economy pack : 오븐에서 갓 꺼낸 것을 간편하게
포장한 것.

Ready-to-serve : 여기서는 조리를 끝낸 것이라는 뜻도 된다.

TV food : 요리가 다 된 고기(肉)나 야채, 디저트 따위가 세트로
되어 있는 냉동 식으로, 그대로 오븐에 데워 먹을 수 있다.

Q 36. 달걀요리

달걀의 요리방법도 가지가지다. 그냥 날달걀은 raw egg, 노른자위와 흰자위를 풀어서 볶은 것을 scrambled egg, 찐 달걀은 boiled egg인데, 반숙은 half boiled, 완숙은 hard boiled 라고 한다. 그럼 다음은?

❶ 에그 프라이(fried egg)에서 위쪽을 익히지 않은 것을 영어로는 무엇이라고 하는가?

❷ 또 한 번 뒤집어서 양쪽을 다 익힌 것은?

❸ 달걀과 우유에 빵을 담갔다가 버터에 구운 것은?

A.

❶ sunny side up.

❷ over easy.

❸ French toast.

Q 37. Crossword Puzzle ❹

1	2	3		■	4	5	6	7
8			■	9				
	■	10	11				■	
	■	12					13	
■	14	■	15			■	16	
17						■		■
18		■	19		■	20		
21		22	■	23				■
24			■		■	25		

【ACROSS】

1. I don't know _____ to do.

4. 서양 오얏.

8. She의 목적격.

9. The _____ of Italy is like a boot. 이탈리아는 긴 장화 같은 모양을 하고 있다.

10. a person who acts in a play or movie.

12. a _____ of snow 온통 눈으로 뒤덮인.

15. These travels are _____ing into my pocket. 이번 여행은 어지간히 돈이 먹힌다. (과거형)

16. busy _____ a bee 벌처럼 분주한.

17. financial _____ 금융 공황,
    bring to a _____ 위기에 빠뜨리다.

18. To be _____ not to be, that is the question.

19. Is that _____?

20. 볼링의 표적.

21. someone's male child ⇔ daughter

23. _____ clipper 손톱깎이.

24. by _____s and threes 두세 사람씩, 삼삼오오.

25. _____ witness 목격자.

[DOWN]

1. She was told to kill her own son, _____ she loved. 그녀는 사랑하는 아들을 죽이라는 명령을 받았다.

2. helium의 원소기호.

3. 아라비아 사람.

4. be on the _____ 전화 받고 있다. (복)

5. If the sky fall, we shall catch _____s. (속담) 하늘이 무너지면 종달새를 잡겠지. (쓸데없는 걱정은 하지 마라)

6. It's _____ to you. 그건 자네가 할 일이다. (자네에게 달렸다.)

7. The society _____ every Friday at 8 p.m. 모임은 매주 금요일 오후 8시에 있다. (3단현)

9. a fire _____ 소방서,

   a broadcasting _____ 방송국. (복)

11. a first _____ restaurant 일류 레스토랑.

    We have no _____ today. 오늘은 수업이 없다.

13. with ease와 같은 뜻의 부사.

14. William Tell과 Robin Hood가 잘 다루는 것.

17. the _____ of living 생활비,

    at _____ 원 가로.

20. apple _____

22. _____ doubt 물론.

A.

W	H	A	T	▓	P	L	U	M	E
H	E	R	▓	S	H	A	P	E	E
O	▓	A	C	T	O	R	▓	▓	E
M	▓	B	L	A	N	K	E	T	S
▓	A	▓	A	T	E	▓	A	S	
C	R	I	S	I	S	▓	S	▓	
O	R	▓	S	O	▓	P	I	N	
S	O	N	▓	N	A	I	L	▓	
T	W	O	▓	S	▓	E	Y	E	

Q 38. 고기 풍년

우리말로는 말의 고기는 말고기, 소의 고기는 쇠고기, 닭의 고기는 닭고기……하듯이 거의 동물이름 뒤에 고기만 붙이면 된다.

그런데 영어에서는 동물의 어미와 새끼가 이름이 다르듯이 그 이름이 대부분 다르다. horse의 고기는 horse meat(말고기)이지만, 쇠고기는 cow meat가 아니라 beef라고 한다. 그리고 사슴은 deer이지만 고기는 venison이라고 한다.

그러면 다음 동물의 고기 이름을 말해 보라.

Pig : _____

Sheep : _____

Calf : _____

Hen : _____

A.

pig → pork(돼지고기)

sheep → mutton(양고기)

calf → veal(송아지고기)

hen → chicken(닭고기)

Q 39. 속담퀴즈 ❸

인간사는 동서고금이 다를 바 없어 일맥상통하기 마련이다. 그래서 아래 서양속담에 대해 적합한 우리 속담을 찾아보자.

서양속담이라고 별날 것도 없고, 사람 사는 이치는 다 같은 것. 곰곰이 생각해 보면 자연히 떠오르기 마련이다.

1. Little strokes fell great oaks.

2. A soft answer turns away wrath.

3. Two can not quarrel if one won't

4. Two wrongs never make a right

5. Be ware of a wolf in sheep's clothing.

6. Well begun is half done.

7. Look before you leap.

A.

1. 열 번 찍어 안 넘어가는 나무 없다.

stroke는 한 번 치기, 또는 보트를 한 번 젓기. 따라서 "조금씩 (도끼로) 찍어 커다란 참나무를 쓰러뜨린다."

같은 의미의 속담으로는 "낙숫물이 바위를 뚫는다."

2. 말 한 마디에 천량 빚을 갚는다.

Soft는 온화한, 부드러운, 너그러운의 뜻. "부드러운 대답이 분노를 쫓아버린다." 서양사람들 보고 예절이 없다지만, 오고가는 말 한 마디의 중요성은 양의 동서가 같은 모양.

3. 손바닥도 마주쳐야 소리가 난다.

"한쪽이 싸우려 하지 않으면 두 사람은 서로 싸울 수가 없다."

4. 실수도 한두 번.

"두 개의 잘못은 결코 올바른 일 하나를 만들지 못한다." 라는 뜻으로 "실수도 한두 번"과는 약간의 어감 차이가 있다.

5. 양의 탈을 쓴 늑대(羊頭狗肉).

"양의 탈을 쓴 늑대를 조심하라."

6. 시작이 반이다.

"좋은 시작은 절반은 이뤄진 것."

7. 돌다리도 두드려 보고 건너라.

"뛰기 전에 살펴라."

Q 40. 그림글씨 퍼즐

아래 6개의 그림글씨는 각기 어떤 의미를 나타내고 있다.
이 그림글씨를 해독하고 영어로 대답해 보라.

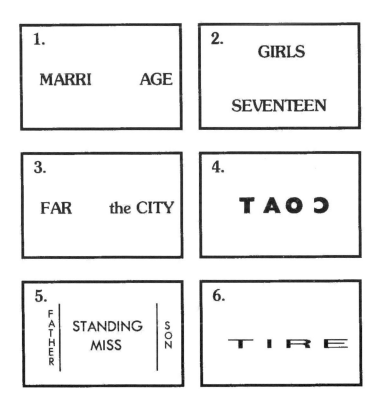

A.

1. A broken marriage (이혼)

2. Girls over seventeen (17세 이상의 소녀)

3. Far away from the city (교외)

4. A reversible coat (안팎 겸용 코트)

5. Misunderstanding between father and son (부자간의 단절)

6. A flat tire (펑크 난 타이어)

Q 41. 우문현답 ❹

다음 물음에 대해 대답하는 문장의 ( ) 안에 들어갈 적당
한 단어를 채워 보자.

❶ What did the sardine call the submarine?

▶ A (   ) with people in it.

❷ Where does Superman get his groceries?

▶ At the (   )

❸ What is black when it is clean and white when it is dirty?

▶ A (   ).

❹ What two things can't you have for breakfast?

▶ (   ) and (   ).

A.

❶ can

❷ supermarket

❸ blackboard

❹ Lunch, dinner

❶ 정어리는 잠수함을 무엇이라고 부르는가?

❷ 슈퍼맨은 식료품을 어디서 구하나?

❸ 깨끗하면 검은 색, 더러워지면 흰색은 무엇인가?

❹ 아침으로 먹을 수 없는 것 두 가지는 무엇인가?

Q 42. 조류학자의 의문

1923년 8월 미국 전역에 있는 조류학자들이 카네기홀에 모여 조류에 관한 심포지엄을 열었다.

많은 학자들이 여러 방면에서 연구한 성과를 발표하고, 토론을 하는 가운데 지금까지 밝혀지지 않았던 조류들의 생태에 관한 많은 수수께끼가 해명되고, 마침내 심포지엄은 성공리에 막을 내리려던 참이었다.

마지막으로 철새의 생태에 관한 연구를 하고 있는 한 학자가 "그런데……" 하며 진지한 표정으로 중얼거렸다.

"Why do birds fly south for the winter?"

당신이 조류학자는 아니더라도 이 철새의 신비스런 수수께끼를 한번 풀어 보지 않겠는가?

새에 관한 어떤 연구보고나 참고 서적들을 총동원할 기회를 주겠다. 그리고 제한 시간도 1개월을 주겠다. 아무래도 상관없으니까.

A. Its too far to walk. (걸어서 가기엔 너무 멀어서.)

새들은 왜 겨울 동안 남쪽으로 날아갈까?

— Gold Rush의 부산물 Blue Jeans —

gold rush라는 말이 있다. 『새로운 금광을 찾아서 사람들이 몰려드는』 것을 말한다. 1849년에 미국 California 주에서 역사상 가장 유명한 gold rush가 일어났다.

gold rush에서 일확천금을 꿈꾼 사람들은 미국인뿐만이 아니었다. 유럽에서도 많은 사람들이 미국으로 건너왔다. 독일 태생의 레비 스트라우스도 그 중의 한 사람이었다.

그는 포장마차의 포장을 만들어 팔 작정으로 천을 잔뜩 가지고 San Francisco에 도착했다. 하지만 이미 같은 생각을 가진 사람들이 너무 많아서 장사가 잘 되지를 않았다. 그래서 그는 가지고 온 천으로 광부용의 튼튼한 바지를 만들기로 했다.

A miner always carried rock samples in his trouser pockets, and they laughed at him that his trousers were riveted by his tailor. (어느 광부가 늘 바지 주머니에 광석 견본을 넣고 다녔다. 걸을 때마다 그것이 딸가닥거려 사람들은 양복장이가 그의 바지를 대갈못으로 박았다고 비웃었다.)

스트라우스는 이 말에 착안해서 바지에 대갈못(rivet)을 붙였다. 그러자 이 대갈못 박힌 jeans는 불티나게 팔렸다고 한다.

Q 43. 그림 퍼즐

아래 다섯 장의 그림은 각기 미국에 있는 어떤 주의 이름을 나타낸 것이다.

각기 해당하는 주의 이름을 알아맞혀 보라.

A.

1. Indiana

   Indian + a

2. Washington

   Washing + 1000kg (=ton)

3. Ohio

   높은(high) O + o

4. Tennessee

   Tennis + sea (미국에서도 어떤 어구의 발음에 맞춰 말을 만드는 말장난은 있다!―언어유희라고나 할까)

5. Pennsylvania

   연필(Pencil) + 화물차(van) + ia

Q44. 암탉이 울면

Washington Square Garden에서 열린 한 Women's lib(여성해방운동) 집회에서 이 운동에 반대하는 한 사나이가 아래와 같은 전단을 뿌리고 있었다.

"It is a sad house where the cock
crows louder than the hen."

이 전단을 주워 읽은 여성들은 일제히 박수갈채를 보내며 사나이를 헹가래쳤다.

몸이 허공으로 솟구친 순간, 이 사나이는 아차, 나의 전단에 미스가 있었구나 하고 깨달았지만, 때는 이미 늦었다. 그럼 과연 이 미스란 무엇일까?

A. the cock(수탉)과 the hen(암탉)을 바꾸어 써버린 것.

번역해 보면,

"수탉이 암탉보다도 큰 소리로 우는 집은 불행한 집이다."가
된다.

그런데 이 사나이는 사실은,

"암탉이 수탉보다도 큰 소리로 우는 집은 불행한 집이다."
라고 쓰려던 것이었다.

Q 45. 이름의 뿌리

Bill : _____   Bob : _____

Ken : _____   Abe : _____

Tom : _____   Abby : _____

Liz : _____   Maggie : _____

Joe : _____   Don : _____

Nora : _____   Jenny : _____

Alex : _____   Pat :_____

Dave : _____   Mike : _____

Beth : _____   Ben : _____

Sue : _____   Meg : _____

Frank : _____   Becky : _____

Ro : _____   Tim :_____

Kathy :_____   Ron : _____

Ted : _____   Greg :_____

A.

Bill → William	Bob → Robert
Ken → Kenneth	Abe → Abraham
Tom → Thomas	Abby → Abigail
Liz → Elizabeth	Maggie → Margaret
Joe → Joseph	Don → Donald
Nora → Eleanor	Jenny → Jennifer
Alex → Alexander	Pat → Patricia
Dave → David	Mike → Michael
Beth → Elizabeth	Ben → Benjamin
Sue → Susan	Meg → Margaret
Frank → Franklin	Becky → Rebecca
Ro → Rose	Tim → Timothy
Kathy → Katherine	Ron → Ronald
Ted → Theodore	Greg → Gregory

Q 46. Crossword Puzzle ❺

1	2	3	4	5			6	
7								
8				9	10	11		12
				13				
	14							
15							16	
		17	18		19			
20	21						22	23
24							25	

【ACROSS】

1. I don't know _____ to do.

4. 서양 오얏.

8. She의 목적격.

9. The _____ of Italy is like a boot. 이탈리아는 긴 장화 같은 모양을 하고 있다.

10. a person who acts in a play or movie.

12. a _____ of snow 온통 눈으로 뒤덮인.

15. These travels are _____ing into my pocket. 이번 여행 은 어지간히 돈이 먹힌다. (과거형)

16. busy _____ a bee 벌처럼 분주한.

17. financial _____ 금융 공황,
    bring to a _____ 위기에 빠뜨리다.

18. To be _____ not to be, that is the question.

19. Is that _____?

20. 볼링의 표적.

21. someone's male child ⇔ daughter

23. _____ clipper 손톱깎이.

24. by _____s and threes 두세 사람씩, 삼삼오오.

25. _____ witness 목격자.

【DOWN】

1. She was told to kill her own son, _____ she loved. 그 녀는 사랑하는 아들을 죽이라는 명령을 받았다.

2. helium의 원소기호.

3. 아라비아 사람.

4. be on the _____ 전화 받고 있다. (복)

5. If the sky fall, we shall catch _____s. (속담) 하늘이 무너지면 종달새를 잡겠지. (쓸데없는 걱정은 하지 마라)

6. It's _____ to you. 그건 자네가 할 일이다. (자네에게 달렸다.)

7. The society _____ every Friday at 8 p.m. 모임은 매주 금요일 오후 8시에 있다. (3단현)

9. a fire _____ 소방서,

   a broadcasting _____ 방송국. (복)

11. a first _____ restaurant 일류 레스토랑.

    We have no _____ today. 오늘은 수업이 없다.

13. with ease와 같은 뜻의 부사.

14. William Tell과 Robin Hood가 잘 다루는 것.

17. the _____ of living 생활비,

    at _____ 원 가로.

20. apple _____

22. _____ doubt 물론.

W	H	A	T		P	L	U	M
H	E	R		S	H	A	P	E
O		A	C	T	O	R		E
M		B	L	A	N	K	E	T
	A		A	T	E		A	S
C	R	I	S	I	S		S	
O	R		S	O		P	I	N
S	O	N		N	A	I	L	
T	W	O		S		E	Y	E

112

Q 47. 미국의 화폐

미국의 화폐에는 각기 별명이 붙어 있다. 이를테면 10센트 동전이라고 말하기보다는 "a dime"이라고 말하는 것이 보편적이다. 지폐의 경우도 액면을 부르기보다는 지폐에 그려진 초상화로 그 별명을 삼고 있다. 1달러 지폐에는 미국의 초대 대통령 조지 워싱턴의 초상화가 그려져 있다.

그럼 다음 초상화가 그려진 지폐의 액면을 말해 보라.

❶ 율리시즈 S. 그랜트
❷ 에이브러햄 링컨
❸ 토머스 제퍼슨
❹ 벤저민 프랭클린
❺ 알렉산더 해밀턴
❻ 앤드류 잭슨

A.

❶ 율리시즈 S. 그랜트 ── 50달러

❷ 에이브러햄 링컨 ─── 5달러

❸ 토머스 제퍼슨 ──── 2달러

❹ 벤저민 프랭클린 ─── 100달러

❺ 알렉산더 해밀턴 ─── 10달러

❻ 앤드류 잭슨 ───── 20달러

미국 지폐를 그린백(Greenback)이라 일컫는다. 미국 달러지폐는 색상이 모두 녹색(앞면은 검은색에 가까운 녹색, 뒷면은 보통 녹색)이므로 green back이라는 별칭을 갖고 있다.

본래 그린백은 미국의 연방정부가 남북전쟁 중인 1862년에 발행한 지폐로, 뒷면이 녹색으로 인쇄되어 있기 때문에 이렇게 불렀으며, 이는 연방정부가 인정한 최초의 지폐였다. 지금도 이 명칭은 초록색으로 인쇄된 미국 지폐의 대명사로 사용되고 있다.

Q 48. 요술거울

그림 형제의 동화 《백설공주(Snow White)》 가운데서, 심술 궂은 왕비가 요술거울 앞에 서서,

"Oh, Mirror, Mirror on the wall."
"이 세상에서 누가 제일 예쁘지?"

하고 묻는 대목이 있다.
그럼 이 대사는 다음 네 개의 문장 중 어느 것이 옳은가?

❶ Who is the beauty of us all?
❷ Which is prettier of both of us?
❸ Who is the fairest of us all?
❹ Who is the most beautiful of us all?

A. ❸ Who is the fairest of us all?

"Oh Mirror, Mirror on the wall.

　　　　Who is the fairest of us all?"

"이 세상에서 최고의 미인은?"이라고 묻고 있으므로 물론 최상급이 된다.

시문(詩文) 형식을 취해 강약, 강약의 투로 wall, all이라고 운을 띠고 있는 것을 소리를 내어 읽어 보면 잘 알 수 있다.

그러므로 이 여왕의 물음에 대해서 거울의 대답 또한 다음과 같은 격조 높은 투가 된다.

"Thou wert the fairest, Lady Queen,

　　　　Snow White is fairest now, I ween."

"당신은 가장 예쁜 여왕님.

　　　　백설공주는 지금 가장 예쁩니다."

Q 49. 난제(難題)

다음 열거한 말들을 영어로 표현해 보라.

❶ 신랑
❷ 엄처시하
❸ 공처가
❹ 사족(무용지물)
❺ 진퇴양난
❻ 조감도
❼ 책장을 접은 자리
❽ 레미콘, 레미콘의 어원(語源)
❾ 폐하!

A.

❶ bridegroom

❷ petticoat government

❸ henpecked husband

❹ good-for-nothing

❺ dilemma

❻ birds-eye-view

❼ dog-ear

❽ remicon, ready-mixed concrete

❾ Your Majesty!

신부는 bride라고 한다. 일반적으로 여성을 나타내는 명사는 남성을 나타내는 명사보다 긴 것이 보통이다. 이를테면,

steward—stewardess, host—hostess, waiter—waitress etc.

그런데 유난히 신랑·신부의 관계에서는 남성인 신랑 쪽이 길다. 더군다나 groom이라는 단어가 『하인』 우리식으로는 『머슴』이라는 의미를 가지고 있으니, 서양의 남자들은 매우 서글픈 존재가 아닌가?

petticoat는 여자의 스커트 속에 입는 『속치마』를 말한다. 《Rip Van Winkle?》이라는 소설에서 나온 말로서 petticoat government는 (가정이나 정치에서) 여인천하, 말하자면 『속곳 정부』에서 『엄처시하』라는 의미로 둔갑한 것이다.

이런 엄처시하의 공처가를 henpecked husband라고 하는데, hen은 흔히 『암탉』으로, 속어로는 『여자』나 『겁쟁이』의 대명사로 쓰이고 있다. 그래서 여성들만의 모임이나 회합을 hen party라고 한다.

Q50. 합성어 퀴즈

다음은 항상 들어 온 말이지만, 쉽사리 생각이 나지 않는 말들이다. 『명사+명사』로 된 말들인데, 인수분해하려 들지 말고 그냥 외어두는 것이 도움이 될 것이다.

다음 우리말을 영어로 표현해 보라.

1. 열차강도

2. 재고정리 대매출

3. 불시의 시험

4. 장시간 토론

5. 우등생

6. 자살설

7. 돈 걱정

8. 열등의식

9. 상해보험

10. 연좌데모

11. 연체료

12. 갤럽 여론조사

A.

1. 열차강도 ———————— train robbers
2. 재고정리 대매출 ———— clearance sale
3. 불시의 시험 ——————— pop quiz
4. 장시간 토론 ——————— marathon debate
5. 우등생 ————————— honors student
6. 자살설 ————————— suicide theory
7. 돈 걱정 ————————— money worry
8. 열등의식 ——————— inferiority complex
9. 상해보험 ——————— accident insurance
10. 연좌데모 —————— sit-down strike
11. 연체료 ——————— back money
12. 갤럽 여론조사 ——— Gallup polls

Q 51. 길 잃은 양

양은 sheepish(마음이 여린, 매우 수줍은)라는 형용사에서도 볼 수 있듯이 그 성질이 온순하다. 'a lost sheep'은 일시적으로 신앙을 저버린 길 잃은 양, "there's a black sheep in every flock."이라는 속담은 "어디든 말썽꾼은 있는 법이다."라는 뜻으로, black sheep은 『말썽꾼, 골칫거리』

양의 수컷은 ram, 암컷은 ewe, 새끼는 lamb, lamb은 순진한 사람이라는 의미로도 흔히 쓰인다.

그럼 다음 어구는 무엇을 뜻하는가?

❶ a wolf(fox) in lamb's skin

❷ sheep that have no shepherd

A.

❶ 위선자

❷ 오합지졸

목동이 없으면 제멋대로 구는 양의 속성 때문에.

Q 52. 어린이 놀이터

어린이들의 놀이는 세계 공통이다. 아래 그림은 미국의 어느 유원지에서나 볼 수 있는 어린이 놀이터이다.

각각의 놀이 이름을 영어로 말해 보라.

술래잡기

그네

공치기

개구리뜀뛰기

미끄럼틀

줄넘기

공기놀이

숨바꼭질

시소

모래장난

사다리타기

연날리기

비눗방울놀이

A. 아래와 같다.

play tag

swing

boucingball

leap frog

slide

jump rope

marbles

hide-and-seek

see saw

send box

jungle gym

kite

bubble blowing

Q 53. 사라진 글자

아래 표의 가운데 빈칸에는 쓰면 금방 사라져 버리는 매직 잉크로 쓰인 글자가 줄지어 있고, 가로로 읽으면 어떤 단어가 된다.

또한 세로로 읽어도 각기 세 글자로 된 단어로 되어 있다. 이 종이에 불을 쬐어 보면 글자가 다시 나타나는데, 그러기 전에 서둘러 빈 칸을 메워 보자.

T	E	A	A	T	C
P	E	S	E	A	Y

A.

T	E	A	A	T	C
O	**Y**	**S**	**T**	**E**	**R**
P	E	S	E	A	Y

Q 54. ARITHMETICS

☐ 속에 알맞은 단어나 철자를 집어넣어 다음 식을 완성시켜 보자.

❶ ☐ + 원숭이 = 망토

❷ 태양 + ☐ = Solar eclipse

❸ 인간 − 생명 = ☐

❹ peace ÷ 총소리 = ☐

❺ Vegetables × ☐ = Salad

❻ Company − ☐ = Insolvency

❼ Heaven × ☐ = Pegasus

❽ Flame + ☐ = Fire

❾ $\dfrac{Egg + Ham}{Pan}$ = ☐

*insolvency : 도산

A.

❶ c

c + 원숭이(ape) = cape(망토)

❷ moon

태양에 달이 겹치면 일식(Solar eclipse).

❸ death

인간에게 생명을 빼앗으면 죽음.

❹ war

평화를 깨뜨리는 총소리는 전쟁.

❺ dressing

야채에 드레싱을 한 것이 야채샐러드

❻ money

money가 거덜 난 회사는 어차피 도산하기 마련.

❼ horse

하늘을 나는 말은 페가수스. (그리스 신화에 나옴)

❽ oil

불에 기름을 부으면 화재가 발생.

❾ ham-egg

프라이팬 위에 달걀과 햄을 얹어 놓으면 햄에그가 된다.

Q 55. Crossword Puzzle ❻

1	2	3	4	5			6	■
7					■	■		■
8			■	9	10	11		12
	■		■	13			■	
■	14						■	
15					■		16	
	■	17	18		19			■
20	21	■		■		■	22	23
24		■				■	25	

【ACROSS】

1. a _____ accident   일어날 수 있는 사고.

7. _____ Jack   영국 국기.

    _____ shop   고용 조건이 모두 노사 간 협정으로 정해지는

129

직장.

8. the other _____ 이성.

9. water in the state of a gas, produced by boiling.

13. The _____ is mightier than the sword. 문(文)은 무(武)보다 강하다.

14. the garden _____ the house 집의 뒤뜰.

15. a queen _____

    a worker _____

16. Come and sit _____ me. 이리 와서 내 곁에 앉아요.

17. sharp as a _____ 머리가 잘 도는, 몹시 영리한.

    the eye of _____ (비유) 불가능한 기도(企圖).

20. _____ dear? 아! 저런!

22. Don't laugh _____ me! 웃지 말아요!

24. gain _____ 살찌다.

    lose _____ 야위다.

25. _____ credit! 외상 사절!

【DOWN】

1. _____ -up 엎드려 팔굽혀펴기.

2. _____ man is no man. (속담) 세상은 혼자서는 살아갈 수 없다. (독불장군이란 없다.)

3. 이 나이가 되면 보통 고등학교 1학년.

4. He is not _____ clever as he looks. 그는 생긴 만큼 영

리하지는 않다.

5. His bravery _____d us.   그의 용감한 행위는 우리를 고무
시켰다.

6. the Shilla _____

10. _____ to one   십중팔구, 틀림없이.

11. _____ of the road   막다른 길, 생존 등이 불가능해진 국
면.

12. _____ boy   여보게, 이봐 자네.

14. _____ quite   쉿!

15. at one _____   한방에. 일격에.

16. French _____   강낭콩.

18. 이것을 한쪽만 프라이한 것을 sunny side up이라고 한다.

19. in the year _____   아득한 옛날에.

    on the _____   당장에.

21. _____ who laughs last laughs longest.   (속담) 마지막에
웃는 자가 가장 길게 웃는다.

23. two _____ one   2대 1

A.

P	O	S	S	I	B	L	E	
U	N	I	O	N			R	
S	E	X		S	T	E	A	M
H		T		P	E	N		Y
	B	E	H	I	N	D		
B	E	E		R			B	Y
L		N	E	E	D	L	E	
O	H		G		O		A	T
W	E	I	G	H	T		N	O

Q 56. 범인은?

다음의 영문은 엘러리 퀸(Ellery Queen)의 추리소설 《악의 기원(The Origin of Evil)》 속에서 발췌한 것으로 피해자가 받은 협박장의 일부이다.

타이핑된 이 협박장을 죽 훑어보고는 어딘가 수상한 점이 있음을 깨달은 Ellery는 마침내 범인 추적의 단서를 찾아냈던 것이다. 그럼 그 단서란?

"You believe me dead, killed, murdered. For over a score of years I have looked for you—for you and for him.

And now I have found you. Can you guess my plan?

You'll die. Quickly? No, very slowly.

And so pay me back for my long years of searching and dreaming of revenge. Slow dying······ unavoidable dying for you and for him······"

* 힌트는 타이프라이터에 있다.

A. 범인은 T자가 뭉개진 타이프라이터로 이 협박장을 찍었
   다.

T는 26개의 알파벳 중에 E자 다음으로 사용빈도가 많은 글
자인데, 이만한 글 속에서 T자가 한 번도 사용되지 않은 것은
T자가 빠진 문장을 만들지 않을 수 없었기 때문이다.

따라서 이 협박장의 내용은 다음과 같은 의미이다.

"너희들은 내가 죽었다고 믿고 있다, 살해당했다고. 20여 년
을 나는 너희들을 찾았다.―너와 그를.

그리고 이제, 나는 너희들을 찾아냈다. 너는 나의 계획을 짐
작이나 할 수 있을까? 너는 죽을 것이다. 당장? 아니야, 아주
서서히.

그리고 복수를 꿈꾸며 너희를 찾아 헤맨 세월을 보상받아야
겠다. 서서히 죽는다는 것……피하기 어려운 죽음, 너와 그
에……"

― 엘러리 퀸 《악의 기원》에서

Q 57. COMPOSITION

어떤 미국 사람이 한국의 대학입시 문제를 보고 영문 해석 문제는 아주 어려운 반면에 영작 문제는 너무 쉽다고 고개를 갸우뚱하는 것을 보았다.

그런데 ironical하게도 어려운 해석 문제는 쉽사리 풀고, 간단한 영작문은 쩔쩔매고 있는 것이 아닌가? 어째서 그럴까?

우리말에 『문자 쓴다』라는 말이 있다. 우리나라 사람들은 예부터 어려운 말 쓰기를 좋아했다. 말하자면 문자를 써서 연설을 하면 명연설이고, 문자를 써서 글을 지으면 명문장으로 인식되어 왔다.

이렇듯 어려운 말 쓰기를 좋아해서 영작에도 이러한 버릇이 작용하고 있는데, 어느 대학입시문제에,

"그녀는 학업 성적이 대단히 좋다."

라는 영작 문제가 나왔는데, 수험생의 성적은 그다지 좋지 않았다고 한다.

그럼 이 문제를 초등학교 정도의 영단어 실력만 가지고 영작문을 해보라.

A. She is doing very well at school.

세계화시대를 부르짖고 있는 요즈음은 웬만하면 초등학생도 위에 나오는 단어 정도는 알고 있다.

대부분의 학생들이 성적이라는 단어에 걸린 것이다. 실패의 큰 원인은 성적(成績)을 성(成)과 적(績)으로 인수분해해서 생각한 때문이다.

그리고 achievement라든가 accomplishment라는 어려운 단어를 사용한 사람들이 의외로 많았다고 한다. 이 두 개의 단어가 떠오른 것은, 언제나 몸에 지니고 다니는 단어장의 첫 페이지에 나오는 단어이기 때문이었던 것이다.

이와 같이 어려운 단어를 사용하지 않고,

"She is doing very well at school."

하면 훌륭한 답이 된다. 직역하면 "그녀는 학교에서 아주 잘하고 있다."인데, 언뜻 이상하게 생각될지 모르지만, 학교에서 하는 일이란 공부밖에 더 있겠는가?

어려운 문자 쓰려다 대학입시에 낙방하고 마는 꼴이 된 것이다.

Q58. 슬랭 테스트 ❶

미국 영어의 슬랭(slang)은 『smoke-eater(연기를 먹는 사람)=소방수』라는 식으로, 과연 고개가 끄덕여질 정도의 표현이 적지 않다.

네이티브 스피커(native speaker)가 아닌 외국인들이 이런 슬랭에 맞닥뜨리면 당황할 수밖에 없다. 그러나 일종의 연상 게임적인 기지를 터득하면 이러한 슬랭에는 어느 정도 적응할 수 있을 것이다.

그럼 다음의 슬랭으로 당신을 테스트해 보자.

1. flat tire :
2. brain bucket :
3. gas-eater :
4. chicken head :
5. fireman :
6. quick-and-dirty :
7. Fun City :
8. wrong number :
9. windows :
10. bread basket :

A.

1. 바람 빠진 타이어, 즉 『따분한 녀석』이라는 뜻.

2. 『머리에 쓰는 물통』 즉 『오토바이용 헬멧』을 가리킴.

3. 『가스를 먹는 것』 즉 『대형차』를 말함.

4. 『닭대가리』는 우리말과도 상통한다. 『바보, 얼간이, 멍청이, 골빈 녀석……』이라는 뜻. 같은 의미로 사용되는 슬랭에 cabbage head, cheese head 등이 있다.

5. 『소방관』이라는 말은 정직한 의미. 돌려서 야구의 구원투수(relief pitcher)』를 말한다.

6. 『빠르고, 불결한 곳』이란 『스낵』, 『경양식점』을 가리키는 말. 즉 "빠르긴 하나 정결치가 않다"는 것.

7. 『환락의 도시』는 뉴욕 시의 별칭. 그 밖에 『The Big Apple』이라는 표현도 있다.

8. 『엉뚱한 번호』란, 『부르지 않은 사람(인물)』

9. 『창』은 『안경』

10. 『빵 바구니』란, 즉 『위(胃)』를 말함. 그러므로 이런 식으로 사용된다.

"Do you want another hamburger?"(햄버거 하나 더 먹지 그래?)

"No thanks. My bread basket is full."(아니, 됐어. 배가 꽉 찼어.)

Q 59. 슬랭 테스트 ❷

과연 이 사람은 누구일까?

다음에 나열된 이름들은 모두가 슬랭으로 사용되고 있는 호칭들이다. 도대체 누구를 이렇게 부르는 것일까?

1. Peeping Tom :

2. Blind Tom :

3. John :

4. Bloody Mary :

5. Mr. Right :

6. Mr. Wrong :

7. Mr. Clean :

8. Mr. Big :

9. Uncle Sam :

10. Tom, Dick and Harry :

A.

1. 변태성욕자. 즉, 여자의 나체를 엿보는 사람을 말함·

2. 야구심판

   "심판에게는 공이 보이지 않는다."는 선수들로부터의 야유에서 붙여진 이름 『술래잡기』의 뜻도 있음·

3. 화장실.

   그 밖에도 사람 좋은 사나이, 연인 따위의 의미도 있다.

4. 토마토 주스와 위스키로 만든 칵테일의 이름

5. (결혼 상대로서) 이상적인 남성. 즉 행실이 바른 사람을 말함·

6. Mr. Right의 정반대

7. 결벽증이 있는 사나이. 지나칠 정도로 깨끗한 것을 좋아함.

8. 거물, 두목, 흑막·

9. 미국 사람, 미국 정부·

   엉클 샘은 만화에서는 파란 연미복에 희고 붉은 줄무늬 바지, 별 모양이 있는 긴 모자를 쓰고, 턱수염을 기른 깡마르고 키가 큰 사나이로 묘사된다.

10. 너나 할 것 없이 누구나, 어중이떠중이. 일반적으로는 every를 붙여 경멸하는 투로 사용된다.

Q 60. 바람의 빛깔은?

당신이 화가라고 생각하고 대답해 보라. 그림의 주제는 『태양과 바람』이다. 그럼 당신은 태양과 바람을 각기 다른 색으로 칠할 것이다. 그냥 단순하게 생각해서 태양은 『빨강』으로 칠한다고 하자. 그럼 바람은 무슨 색으로 칠할 것인가?

A. blue

sun은 rose(장미, rise의 과거), wind blow는 blue(blow의
과거형 blew와 발음이 같다).

Q 61. 마더 구스의 노래

《마더 구스의 노래(Old Mother Goose)》에 나오는 노래 가운데는 기상천외한 발상들이 많이 있는데, 이 노래도 그 가운데 하나다.

아래 문장의 (   ) 안에 보기의 단어 가운데서 가장 알맞다고 생각되는 단어를 넣어 보라.

운을 맞춰(rhyme) 지은 시문형식이라는 사실을 염두에 두기 바란다.

Hey, diddle. diddle!

The (①) and the (②)

The (③) jumped over the (④)

The little (⑤) laughed to see such fun

And the (⑥) ran away with the (⑦)

보기

㉮ spoon ㉯ moon ㉰ dog ㉱ cow

㉲ fiddle ㉳ cat ㉴ dish

A. ① cat ② fiddle ③ cow ④ moon
   ⑤ dog ⑥ dish ⑦ spoon

전문을 옮겨 보면,

"헤이, 낑낑, 깽깽!"
바이올린 켜는 고양이
암소는 달님을 뛰어넘고
강아지는 그걸 보고 크게 웃고
접시는 스푼을
데리고 달아났다네."

가 된다.

마더 구즈의 노래를 읽어 본 적이 없는 사람에게는 여간 골치 아픈 문제가 아니다.

Mother Goose는 영국에서 옛날부터 전해지고 있는 동요집의 전설적인 작가라고 하는데, 그 동요들은 몇 백 년 전 옛날부터 어린이들은 물론, 어른들도 애창하여 왔다. 영어를 하는 국민의 교양의 기초라고도 할 수 있는 것으로서 Mother Goose를 모르고서는 영어를 말할 자격이 없다고 말해질 정도다.

Q 62. 속담 퀴즈 ❹

다음 A의 영어속담과 B의 우리 속담을 의미가 상통하는 것
끼리 연결하라.

A

❶ Even Homer sometimes nods.

❷ Rome was not built in a day.

❸ When in Rome, do as the Romans do.

❹ One sows and another reaps.

❺ Too many cooks spoil the broth.

B

(가) 대기만성(大器晚成)

(나) 원숭이도 나무에서 떨어질 때가 있다.

(다) 재주는 곰이 넘고 돈은 되놈이 번다.

(라) 사공이 많으면 배가 산으로 올라간다.

(마) 모난 돌이 정 맞는다.

A. ❶—(나), ❷—(가), ❸—(마), ❹—(다), ❺—(라)

❶ 은 "호머라 할지라도 때로는 존다."

Homer는 《일리어드(Illiad)》와 《오디세이(Odyssey)》를 쓴 그리스의 시인.

❸ 은 "로마에 가면 로마 사람처럼 처신하라."이므로 "모난 돌이 정 맞는" 꼴이 되지 말라는 뜻.

❹ 는 "파종한 놈 따로 있고, 거두는 놈 따로 있다."는 말.

❺ 의 broth는 고기 스프.

Q 63. idiom 퀴즈 ❶

다음 세 개의 idiom의 (   ) 속에는 공통의 단어가 들어간다. 그 단어는?

❶ to be in someone's (   )s : (누구의) 입장에 서다

❷ to fill someone's (   )s ~ : ~의 뒤를 계승하다

❸ gum-(   ) : 형사

A. shoe

❶ 즉, shoes는 상징적으로 그 사람이 서 있는(처해 있는) 입장을 나타내고 있다고 생각하면 금방 이해가 간다. 따라서 당신이 누군가의(someone's) 구두(shoes)를 신어 본다는 것은, 말하자면 그 사람의 입장이나 처지에 서 보는 것이 되는 것이다.

❷ 앞의 shoes가 『입장』을 상징하고 있는 데 대해 여기서의 shoes는 『지위, 자리』를 뜻하고 있다. 직장에서 누가 승진을 하거나 또는 전근, 정년퇴직 같은 이유로 자리가 비게 되면 대개 다음 사람이 그 자리(shoes)를 채우게(fill) 되는 데서 이같은 의미로 쓰이게 되었다.

❸ 『gum(고무)+shoe(구두)』의 합성어로 밑창이 고무로 된 신발을 의미한다. 즉 고무로 된 구두니까 소리가 나지 않고 그래서 은밀하게 범인을 미행할 수 있는 『형사』를 상상해 보면 고개가 끄덕여질 것이다. 단지 이 표현은 은어에 가까운 것으로 공공연히 쓰기는 점잖지 못한 속어에 속한다.

Q 64. Crossword Puzzle ❼

【ACROSS】

1. a _____ of difficulties 산적한 곤란. (복)

7. swimming _____

8. The River Han flows _____ Seoul. 한강은 서울을 관통

해서 흐른다.

11. the Christian _____ 서력기원.

12. She _____ glamourous. 그녀는 늘씬하다.

13. I gave him advice _____ of money. 그에게 돈 대신 충고를 해줬다.

17. _____ of charge 무료의, 공짜의.

18. 사람 흉내를 잘 내는 동물.

19. I _____ you. 당신이 없어서 적적하다.

20. 지역 , 범위.

21. He was _____-ed by the bull. 황소의 뿔에 떠받혔다.

_____-up (승부를 가리는) 동전 던지기.

【DOWN】

1. _____-in-law 장모.

2. move _____ 출세하다. (복)

3. _____ boy could answer the question. 그 질문에 대답할 수 있는 소년은 아무도 없었다.

4. Turn _____ the right.

5. He is _____ a professional. 그는 거의 전문가에 가깝다.

6. She _____ed for the happy old days. 그녀는 행복했던 옛날을 그리며 한숨지었다.

9. the _____ and fall of the Roman Empire 로마제국의 흥망.

10. Wine is made from _____.

14. a _____ of crime   범죄의 온상.

15. 이삭.

16. _____ Sir(s)   근계(謹啓 : 편지의 허두 : 단수형은 안면이 없는 사람이나 윗사람에게, 복수형은 회사·단체 앞으로 보낼 때 씀).

17 _____ a mirror to the wall.   거울을 벽에 붙박다.

20. _____ soon _____   ……하자마자.

A.

M	O	U	N	T	A	I	N	S
O		P	O	O	L			I
T		S			M			G
H		T	H	R	O	U	G	H
E	R	A		I	S		R	
R		I	N	S	T	E	A	D
	F	R	E	E		A	P	E
M	I	S	S		A	R	E	A
	X		T	O	S	S		R

Q 65. 이디엄 퀴즈 ❷

다음 네 개의 idiom의 (   ) 안에는 공통의 단어가 들어간다. 그 단어는?

❶ to talk like a (   ) : 빈틈없이 말하다, 아는 척하다
❷ to go by the (   ) : 규정대로 정확히 행하다
❸ to hit the (   )s : (맹렬히) 공부하다
❹ to take one's name off the (   )s : 명부에서 이름을 제거하다, 탈퇴하다

A. book

CAUTION

Mother may I go out to swim?
  Yes, my darling daughter,
Hang your clothes on a hickory limb
  And don't go near water.

조심해라!

엄마, 나 멱 감으러 가도 돼?
  그러렴, 내 귀여운 딸아.
옷가질랑 후두나무에 가지에 걸어놓고
  물가에는 가지 마라.

> — 마더 구스의 노래(Old Mother Goose)

Q 66. 이디엄 퀴즈 ❸

다음 영어 idiom의 ( ) 속에 어떤 동물 이름을 보기에서 골라 넣어 완성해 보라.

❶ blind as a (   ) : 눈이 어두운

❷ to go to the (   )s : 망하다, 파멸하다

❸ as happy as a (   ) : 행복한, 흐뭇한

❹ as drunk as a (   ) : 술에 대취한

❺ to talk (   ) : 솔직히 말하다

보기

(가) dog

(나) turkey

(다) bat

(라) clam

(마) skunk

155

A. ❶—(다), ❷—(가), ❸—(라), ❹—(마), ❺—(나)

❶ 박쥐는 눈이 보이지 않는 동물은 아니지만, 옛날사람들은 그렇게 생각했었다. 실은 고도로 발달된 안테나와 같은 기관을 지니고 있어서 눈은 별로 중요하지 않은 것 같다.

❷ 원래는 "to throw to the dogs"(개한테 던지다)였다. 즉 못 먹게 된 음식 따위를 개에게 던져준 데서 생긴 말인데, "something has gone to the dogs"라고 하면 『틀려버렸다, 망쳤다』와 같은 의미로 쓰인다. 이 표현은 대개 개인이나 사업체의 경우는 『파산하다, 망하다』이고, 사회적인 경우는 『파멸하다』로 해석한다.

❸ 조개가 감정을 지녀서 행복을 느끼리라고는 생각되지 않는다. 특히 해변의 조개는 누가 주워갈까봐 불안하기까지 하다. 그러나 "happy as a clam at hide tide"(만조 시의 조개처럼 행복한)이라고 보충해 보면 불안에서 벗어난 조개의 느긋한 심정을 느낄 수 있을 것이다.

❹ 과연 스컹크가 술을 마실 줄 아는지는 의문이지만, 스컹크 외에도 술 취한 상태를 비유하는 동물은 또 있다. "drunk as an owl", "drunk as a mouse"가 그것이다. 스컹크가 인용된 것은 drunk와 skunk가 발음상으로 조화를 이루기 때문인 것 같다.

❺ 이 표현은 숲속에 모여 있는 야생 칠면조의 모습이 마치 서로를 칭찬하거나 잡담을 나누고 있는 것처럼 보인 데서 생겨난 말이다.

156

Q 67. 이디엄 퀴즈 ❹

다음 A에 열거한 영어 idiom에 대해서 같은 의미의 우리말 표현을 B에서 골라 짝을 지어 보라.

A

❶ to chase rainbows

❷ to be in the doghouse

❸ dog tired

❹ on the wagon

❺ blue blood

B

(가) 녹초가 된

(나) 귀족 출신

(다) 꿈을 좇다

(라) 체면을 잃다

(마) 금주(禁酒) 중인

A. ❶-(다), ❷-(라), ❸-(가), ❹-(마), ❺-(나)

서양의 동화에서는 무지개의 양 끝에는 금으로 가득 찬 단지가 묻혀 있다고 한다. 그러나 아무도 그 단지를 찾아내지는 못한다. 이런 연유로 "the end of the rainbow(무지개의 끝)"이라는 표현은 "아무도 도달할 수 없는 곳"을 상징하게 되었다. 『to chase rainbow』 직역하면 『무지개를 추적하다』라는 idiom은 "현실과 동떨어진 꿈을 좇다"라는 의미로 사용된다.

외박이라도 하고 들어온 남편은 두 눈을 부라리고 현관 앞에서 지키고 있는 마누라 앞을 통과해서 집안으로 들어가기가 쑥스럽기 그지없다. 체면이 말이 아니다. 그저 doghouse(개집)에라도 들어가고 싶은 심정이다.

영어에서는 dog이 우리말의 『되게=아주(very)』와 거의 흡사한 뜻으로 형용사 앞에 붙는 것 같다. 이를테면 dog days(of summer) 하면 오뉴월 삼복을 가리키고, 서양의 록그룹 가운데 『Three Dog Night』이라고 있는데, 이것은 『몹시 추운 밤』이라는 뜻이다.

"to be on the water wagon" 이 말은 원래 "술을 마시는 대신에 물을 마신다"는 뜻으로 쓰였다. 여기서의 금주 대상은 『늘 술을 마시던 성인으로서 어떤 이유로 술을 끊은 상태의 사람』을 말한다.

『blue blood』라는 표현은 스페인의 귀족사회에서 생겨났다. 당시 귀족들은 손끝 하나 까딱 않는 편한 생활을 하는 데 반해 노동으로 거친 백성들의 손에 비해서 푸른 정맥이 비쳐 보일 정도로 손이 희고 깨끗했다. 마치 귀족은 피 자체가 푸른빛을 띤 것으로 착각할 정도였다. 이런 연유에서 『blue blood』는 귀족이나 상류계급 태생의 사람들을 상징하게 되었다.

Q 68. 이디엄 퀴즈 ❺

다음 A는 영어의 재미있는 표현을 열거해 놓은 것이다. 그리고 B는 같은 의미의 우리말 표현이다. 각기 같은 의미의 말끼리 연결하라.

A

❶ eagle-eyed

❷ lame duck

❸ tongue-tied

❹ as the crow flies

❺ long-winded

B

(가) 일직선으로, 곧장

(나) 말문이 막힌

(다) 빈틈없는

(라) 장광설의

(마) 낙선 의원

A. ❶—(다), ❷—(마), ❸—(나), ❹—(가), ❺—(라)

❶ eagle-eyed라면 『독수리의 눈을 가진』의 뜻이다. 독수리의 『예리한 시력을 가진→빈틈없는』의 의미로 쓰이게 된 것이다.

❷ lame duck은 "Never waste powder on a dead duck." 『죽은 오리에게 탄환을 낭비하지 마라.』라는 사냥꾼의 격언에 근거를 둔다. 여기서 powder는 산탄총의 탄환을 말한다. 19세기 중엽 미국에서는 대부분의 관리는 11월 선거에서 선출되어 취임은 4개월 후인 3월에 하게 되어 있었다. 그러나 재임 중의 관리로서 재선되지 못한 사람은 이미 낙선했음에도 멋쩍게도 3월까지 공무를 보아야 했다. 이런 연유로 dead duck은 아니지만, lame(절름발이)을 인용해서 lame duck, 즉 『별 볼일 없는 자』가 되었고, 급기야는 『낙선 의원』이라는 의미로 고정되어 지금에 이르고 있다.

❸ tongue-tied는 『(긴장해서) 말이 잘 안 나오는』『말문이 막힌』『a tongue-tied diplomat』하면 『입이 무거운 외교관』을 뜻한다.

❹ as the crow flies에서 crow(까마귀)를 등장시킨 것은 이 새가 특히 직선비행을 하는 데 기인한 것 같다. A와 B 지점의 최단거리를 나타내는 데 흔히 인용된다.

❺ long-winded는 tongue-tied와 서로 반대적인 의미를 가지고 있다. 『길고 지루한』『장황한』의 의미로 쓴다.

Q 69. 이디엄 퀴즈 ❻

다음 (   ) 안에 어떤 공통의 단어를 넣어 완성하라.

❶ to take to one's (   )s : 꽁지가 빠지게 달아나다
❷ to cool one's (   )s : 눈이 빠지게 기다리게 하다
❸ down at the (   )s : 초라한, 단정치 못한
❹ Achilles' (   ) : 약점

A. heel

❶ The robbers took to their heels when the police came.

(도둑들은 경찰이 오자 꽁무니가 빠지게 도망쳤다.)

❷ Rebecca had to cool her heels for an hour in the dentist's waiting room.

(레베카 양은 치과 대합실에서 한 시간이나 눈이 빠지게 기다려야 했다.)

❸ Greg is really looking down at the heels since he lost his job.

(그레그는 직업을 잃은 이후 무척 초라해 보인다.)

❺ Math has always been Bruce's Achilles' heel.

(수학은 늘 브루스의 약점이 되어 있다.)

Q 70. 이디엄 퀴즈 ❼

다음은 radio나 TV, movie 등의 어떤 장르를 나타내는 말들을 열거해 놓은 것이다. 그럼 각기 어떤 장르를 나타내는 말인가?

❶ soap opera :

❷ tearjerker :

❸ whodunit :

❹ horse opera :

A.

❶ 멜로드라마, 홈드라마

대개 멜로드라마나 홈드라마에는 여성 시청자가 많기 때문에 여성을 통해서 구입되는 상품의 광고효과는 이런 시간대에 집중된다. 따라서 비누회사들이 이 시간의 광고를 독점한 데서 이런 표현이 생겼다.

❷ 눈물을 자아내는 극

이 단어를 분해해 보면 『tear(눈물)+jerk(끄집어내다)+er』로서 그 의미를 쉽사리 납득할 수 있다.

❸ 탐정·추리물

이 단어를 발음해 보면 "Who done it?"(누가 했는가?)로서 그 형성 과정에 납득이 갈 것이다. 또한 done은 원래 dun이었던 것이 변화한 것이다. 물론 문법적으로 정확히 말하자면 "Who did it?"로서 그 의미하는 바는 "Who committed the crime?"이다. 그러나 언제부터인지 이 세 단어를 한데 묶어 『mystery show』 또는 『detective story』 또는 『cops and robbers show』의 뜻으로 사용하고 있다.

❹ 서부 활극

이 표현은 서부극에서 필수불가결한 『말(horse)』이 무수히 등장하는 데서 생겨난 말이다. 음악과 노래로 진행되는 opera와는 아무런 연관이 없는 극을, 앞의 soap opera와 마찬가지지만, opera로 격상시킨 데서 영·미인 특유의 위트가 엿보인다.

Q 71. 피살사건의 전말

Peter, Mary, Bill and Sally live in the same house.

One night Peter and Mary went out to the movies while Bill and Sally stayed at home.

When they got home, they found Sally beat up and dead on the floor.

Bill was not arrested and he was not questioned for any crime.

Why not?

A. Bill was a cat and Sally was a goldfish.

Bill도 Sally도 사람이라고는 어디에도 나타나 있지 않다. 고양이가 금붕어를 죽였다고 체포되어 죄를 묻는 일은 없다.

해석해 보면,

피터, 메리, 빌 그리고 샐리는 한 집에 산다.

어느 날 밤, 빌과 샐리가 집에 있는 동안 피터와 메리는 영화를 보러 나갔다.

그들이 집에 도착했을 때, 그들은 샐리가 구타당해서 바닥에 죽어 있는 것을 발견했다.

빌은 체포되지 않았고 어떤 범죄에도 심문을 받지 않았다.

왜인가?

Q 72. 가장 긴 단어

다음 문장을 읽고 영어로 대답하라.

"The longest word in English is a 'pneumono-ultramicroscopicsilicovolcanokoniosis'."
How many letters and how many o's are there in all?

*pneumonoultramicroscopicsilicovolcanokoniosis : 폐진증

THE
LONGEST WORD

A. There are three letters and no 'o's in 'all'.

문제의 문장을 해석해 보면,

"영어에서 가장 긴 단어는, pneumonoultramicroscopicsilicovolcanokoniosis라는 말이다. (그런데) all이라는 말은 몇 개의 글자로 되어 있는가? 또는 'all'이라는 단어 속에 'o'라는 글자는 몇 개 있는가?"라고 해석하는 것이 요령이다.

말하자면 일종의 함정인 것이다.

Q 73. Crossword Puzzle ❽

【ACROSS】

1. Indian _____ 늦가을의 봄철 같은 날씨.

6. Save the last _____ for me. 마지막 춤은 나와 함께.

8. ten people at the _____ 많아야 10명.

_____ in   뒤집어서 (입다).

10. we, our, _____

11. Money is _____.   돈 사정이 빡빡하다.

be in a _____ place   진퇴유곡에 빠지다.

13. More haste, _____ speed.   (속담) 바쁠수록 돌아가라.

Eat _____ meat but more vegetable.   고기를 줄이고 채소를 더 많이 드십시오.

16. iron _____   철광.   gold _____   금광.

17. _____ by _____   한 방울씩. 조금씩. (복)

18. 오트밀의 원료.

21. 보라!

22. The victory _____ed with him.   승리는 그에게 돌아갔다.

23. a _____-dog   수캐.

【DOWN】

1. _____ bag   멜빵이 달린 핸드백. (복)

2. 멍석, 돗자리.

3. 편집하다.

4. _____-activity   방사능.

5. five _____ eleven   5피트 11인치.

7. _____ spiritual   흑인영가.

9. an end _____   실수요자.

12. out of _____   건강을 해쳐서.

170

14. Is that _____?
15. generally _____ing   일반적으로 말하면.
19. She is too young _____ marry.   그녀는 결혼하기에는 너
    무 이르다.
20. the Holy _____   신, 그리스도.
    the Evil _____   악마.

A.

S	U	M	M	E	R			F
H		A		D	A	N	C	E
O	U	T	S	I	D	E		E
U	S			T	I	G	H	T
L	E	S	S		O	R	E	
D	R	O	P	S		O	A	T
E			E		O		L	O
R	E	M	A	I	N		T	
S			K		E		H	E

Q 74. 노상강도

도둑에도 여러 계층이 있는데, Al Capone 같은 조직적인 도적은 gangster라 하고, robber는 강도(에 가까운 도적), 그리고 thief는 좀도둑이라고 한다. 그럼, 노상강도는 뭐라고 할까?

A. highway-man

어느 화장실 문앞에 아래와 같은 글이 씌어 있었다. 그런데 한 장난꾸러기 학생이 문구 사이에다 구두점을 쳐 놓으니 의미가 정반대가 되었다. 도대체 학생은 어떤 구두점을 어디에 쳐 놓았을까?

PRIVATE NO VISTORS ALLOWED.

\# 답은 Q 75 해답편에.

Q 75. 로빈슨 카루소

유명한 테너가수 카루소(Caruso)가 미국의 시골길을 자동차로 여행을 하던 중에 자동차가 고장이 났다.

운전기사가 고장을 수리하는 동안 무료함을 달랠 겸 Caruso는 가까운 농가에 들렀다. 인적이라고는 드문 이 외딴 농가의 주인은 이야기 상대를 만나 매우 기뻤다.

여러 가지 세상 돌아가는 이야기로 대화를 나누다가 주인이,

"그런데 당신은 누구십니까?"

하고 물었다.

"나는 Caruso입니다."

그러자 농부는 깜짝 놀라며 외쳤다.

"*Little did I think* I could see a man like you in this humble house, sir! Caruso! The great traveler, Robinson Caruso!"

즉, Caruso와 (Robinson) Crusoe를 혼동한 것인데, 이 농부에게는 세계적으로 well-known한 가수도 소설 속의 가공인물인 Crusoe보다는 덜 famous했다는 이야기다.

그러면 여기서 'Little did I think'는 우리말로 옮기면 어떤 뜻인가?

A. "나는 꿈에도 생각지 않았다."

'Little did I think'는 강조의 의미로 어순이 바뀐 것이다. 본래는 "I thought little." (나는 꿈에도 생각지 않았다.)이다. humble은 사람의 태도라면 『겸손한』 신분이라면 『천한』 그리고 복장이나 처지라면 『초라한』 의 의미다. 전문을 해석해 보면,

"이렇게 초라한 집에서 당신과 같은 분을 만날 수 있으리라 곤 꿈에도 생각지 못했습니다, 카루소 씨! 그 유명한 여행가 로빈슨 카루소 씨를 만나 뵙게 되다니!"

Q 74. ― HUMOUR ― 해답

PRIVATE ? NO ! VISTORS ALLOWED.

Q 76. 단어 짝짓기

다음 A그룹과 B그룹의 단어를 보기와 같이 짝을 지으면 아주 새로운 단어가 탄생된다. 한번 전체 couple의 데이트를 주선해 보라.

보기 : so+on=soon

A 그룹

me	up	he	go	so	of	to	for	us	is
may	be	in	but	car	ran	cab	he		

B 그룹

ten	on	be	pet	in	at	day	age	ad
have	king	ton	an	art	land	come		
get	up							

A.

me + an = mean

up + on = upon

he + art = heart

go + at = goat

so + up = soup

of + ten = often

to + day = today

for + get = forget

us + age = usage

is + land = island

may + be = maybe

be + have = behave

in + come = income

but + ton = button

car + pet = carpet

ran + king = ranking

cab + in = cabin

he + ad = head

Q 77. 무슨 말일까?

다음 문장들을 우리말로 옮겨 보라.

❶ No cross no crown.

❷ Bob and Tom are cat and dog.

❸ The test was a piece of cake.

❹ Don't butter me up.

❺ It's my bread-and-butter.

❻ Something fishy!

A.

❶ 십자가의 고통 없이 영광 없다.

❷ Bob과 Tom은 견원지간(犬猿之間)이다.

　우리말로는 개와 원숭이를 원수처럼 나쁜 사이에 비유하지만, 서양 사람들의 감각으로는 가장 사이가 나쁜 동물은 개와 고양이다.

❸ 그 시험은 식은 죽 먹기였다.

❹ 내게 아첨하지 마.

❺ 이건 내 밥줄이야.

❻ 수상해?! (뭔가 냄새가 나는데?!)

Q 78. 난문(難文)

다음을 우리말로 나타내 보라.

❶ news hen

❷ five W's and one H

❸ Who's Who in Korea

❹ What-d'you-call-him

❺ Here's a pretty how-do-you-do.

❻ Chinese puzzle

A.

❶ 여기자

hen은 여성의 대명사이기도 하다.

❷ 육하원칙(六何原則)

When, Where, Who, What, Why, How

❸ 대한민국 명사록

"Who's Who"는 "Who is who?"를 단축한 것으로 "누가 누구인지?"에서 생겨난 말이다.

❹ "그 사람 이름이 뭬랬더라?"

이야기 도중 화제의 대상이 되는 사람의 이름이 생각나지 않을 때 하는 말이다.

❺ "이거 참 난처한데."

how의 h가 소문자임에 주의하라. how-do-you-do는 하나의 문장이 아니라 하나의 단어이다. 초대면의 사람에게 "How do you do?"하고 인사한 것까지는 좋았으나, 그 다음 무슨 말을 해야 좋을지는 참으로 곤란하다. 그래서 생긴 표현이다.

❻ 난문(難文)

중국어도 전혀 모르는데, 게다가 puzzle까지 붙어 있으니 더욱 알 수 없는 노릇이다.

Q 79. 수수께끼 ❶

이번에는 riddle(수수께끼)에 한번 도전해 보자.
다음의 riddle은 미국 사람들에게는 일반적인 문제들이다.
Riddle me, riddle me what it is!?
(자아, 자아, 무엇일까요!?)

❶ What is it that goes
   on four legs in the morning,
   on two legs at noon
   and on three legs in the evening?

❷ If you went to bed at 7 p.m. and set the alarm
   for 8 the next morning, how many hours of
   sleep would you get?

A.

❶ That is man.

"아침에는 네 다리, 점심때는 두 다리, 저녁에는 세 다리로 사는 것은 무엇일까?"

이 riddle은 Egypt의 스핑크스가 여행자에게 물었던 것으로 유명하다.

❷ One hour.

"7시에 잠자리에 든다고 가정해서 괘종시계를 내일 아침 8시에 맞추어 놓았다고 하자. 몇 시간 잘 수 있겠는가?"

괘종시계는 오전·오후가 없다.

Q 80. 수수께끼 ❷

다음 Riddle에 대해서 영어로 답해 보라.

❶ Thirty white horses
On a red hill :
Now they tramp
Now they champ
Now they stand still.
What is this?

❷ If you were lost in the middle of a desert and had no food, why wouldn't you starve?

A.

❶ The teeth and gums(이와 잇몸).

"서른 마리의 백마가 붉은 언덕에 있다. 이제 그놈들은 짓밟고 돌아다니다가, 우물우물 씹다가, 그리고 이제는 가만히 서 있다. 그게 뭔가?"

❷ Because of the sand which is(sandwiches) there.

"사막에서 길을 잃고 먹을 것이 없는데도 어째서 굶어죽지 않았을까?"

Q 81. 수수께끼 ❸

다음 Riddle에 대해서 영어로 답해 보라.

❶ What belongs to yourself, but is used by other people more than by yourself?

❷ What is the strongest day of the week?

❸ What bus sailed across the Atlantic Ocean?

A.

❶ Your name

"자기 것인데도 자기보다 남이 더 많이 쓰는 것은?"

❷ Sunday

일요일 이외는 weekday(weak day)이므로

❸ Columbus.

"뭐라는 버스(bus)가 대서양을 횡단했는가?"

Q 82. Crossword Puzzle ❾

1		2	3	4		5		6
	■	7			■		■	
8					■	9	10	
	■		■	11	12			■
	13		14			■	15	16
17					■			
18			■	19	20	21		
22		■	23				■	
	■	24						■

【ACROSS】

1. _____ car   승용차.

7. _____ candle   양초.

8. This pen _____s B.   이 펜은 B등급 품이다.

189

9. be _____ to (do) _____ ‥‥‥하는 경향이 있다.

11. Money will _____ and go. 돈이란 돌고 도는 것.

13. 빵 만드는 가루.

15. _____ once 곧, 금방.

17. Please in my _____ yard. (약) PIMFY : NIMBY (not in my back yard)의 반대개념으로 자기 지역에 이익이 되는 기업이면 적극 유치하려는 현상. 이른바 달면 삼키고(PIMFY), 쓰면 뱉는(NIMBY)다는 의미.

18. _____ temperature 저온.

19. 남부 유럽의 장화같이 생긴 나라.

22. ante meridiem(=before noon)의 약자.

23. _____ the hill 언덕 저편.

24. _____ fries 감자튀김.

【DOWN】

1. A brilliant _____ in his life. 그의 생애에서 빛나는 시기.
   turn the _____s 책장을 넘기다.

2. One _____ does not make a summer. (속담) 제비 한 마리 왔다고 해서 여름인 온 것은 아니다.

3. a _____ face 슬픔에 잠긴 얼굴.

4. 실행 가능한.

5. 1 ton의 1,000,000분의 1.

6. _____ hole 쥐구멍.

10. 완두콩.

12. Did you see Tom _____ Bill   톰과 빌 가운데 누구를 만났는가?

13. "_____ here to eternity" (영화) 《지상에서 영원으로》

14. rain _____ and off   비가 오락가락하다.

16. 장난감. (복)

17. 편평한.

20. nine out of _____   십중팔구.

21. 원의 일부.   _____ lamp   23. either you _____ I

A.

P	A	S	S	E	N	G	E	R
A		W	A	X		R		A
G	R	A	D	E		A	P	T
E		L		C	O	M	E	
	F	L	O	U	R		A	T
F	R	O	N	T				O
L	O	W		I	T	A	L	Y
A	M		O	V	E	R		S
T		F	R	E	N	C	H	

Q83. 수수께끼 ❹

다음 riddle을 읽고 영어로 답해 보라.

❶ Which can move faster, heat or cold?

❷ Why can't a man living in New York be buried west of the Mississippi River?

❸ Which of your parents in your nearest relative?

A.

❶ Heat, because you can catch cold.

"더위와 추위는 어느 쪽이 잽싼가?" 하는 질문이므로.

❷ Because he's not dead.

"뉴욕에 사는 사람은 왜 미시시피 강 서쪽에 매장할 수 없는가?" 라는 질문에, 죽지도 않은 사람을 어떻게 생매장하나?

❸ Your mother.

"당신의 양친 중 어느 분이 당신과 더 가까운가?"라는 질문인데, father(=farther)이므로.

Q 84. 수수께끼 ❺

영국의 전승 동요 《Old Mother Goose》 (마더 구스의 노래) 가운데서 『As I was going to St. Ives(내가 세인트 아이브스에 가는 길에)』 라는 동요이다. 여기서 St. Ives로 가는 것은 모두 몇인가?

As I was going to St. Ives,
I met a man with seven wives,
Each wife had seven sacks,
Each sack had seven cats.
Each cat had seven kits;
Kits, cats, sacks, and wives,
How many were going to St Ives?

A. One.

St. Ives로 가는 것은 자기 혼자뿐이다.

Q 85. 술래

술래잡기(Tag)와 숨바꼭질(Hide-and-Seek)에는 먼저 술래를 정하는데, 『술래』를 정하는 데에는 counting-out-rhyme을 이용하는데, 미국에서는 다음과 같은 노래를 흔히 부른다.

그럼 다음에서 ( ) 안에 들어갈 단어가 이 술래를 나타내는 말이다. ( ) 속을 채워라.

Eenie, meenie, minie, moe,
Catch a tiger by the toe,
If he hollers, let him go,
You are ( ).

A. it

술래는 영어로 it라고 부르는 것이 보통이다. 우리말로 옮겨
보면

"이니 미니 마이니 모,
호랑이 발가락을 잡아라,
고함을 지르면 풀어 줘라,
네가 술래다."

본래는 tiger 대신에 nigger(검둥이)라고 했으나, 인종차별문
제가 대두되어 현재는 tiger로 바꾸도록 권장했다.

이 밖에 "Rock, Paper, scissor(가위 바위 보)."로 술래를
정하기도 한다.

또 계집아이들이 좋아하는 것으로,

"Each, Peach, Pear, Plum,
Out goes Tom Thumb;
Tom Thumb won't do,
Out goes Betty Blue;
Betty Blue won't go,
So out goes you."

라는 것이 있다.

Q 86. 의성어 퀴즈 ❶

다음은 영문으로 표시된 여러 가지 소리를 모아 놓은 것이다. 이 단어를 우리말로 바꾸면 어떻게 될까?

❶ cock-a-doodle-doo
❷ bow wow
❸ mew mew
❹ caw-caw
❺ whinny whinny
❻ cheep cheep
❼ mewl mewl
❽ ZZZZ……
❾ zzzzz.

A.

❶ 꼬꼬댁 꼬꼬(닭 울음소리)

❷ 왕 왕 (개 짖는 소리)

❸ 야옹 야옹 (고양이 울음소리)

❹ 까악 까악 (까마귀 울음소리)

❺ 히히힝 (말 울음소리)

❻ 짹짹 찍찍 (참새나 쥐의 울음소리)

❼ 응애 응애 (아기의 울음소리)

❽ 드르렁 드르렁 (사람의 코고는 소리)

❾ 콜콜 (쥐의 코고는 소리)

Q 87. 의성어 퀴즈 ❷

나라가 다르면 사물에 대한 표현도 다르다. 태평양을 사이에 두고 수만리 떨어진 우리나라와 미국의 경우, 동물의 울음소리 뿐만 아니라, 그 밖의 모든 소리까지도 표기 방법이 모두 다르다.

그럼 다음에 나오는 소리(의성어)는 무슨 소리의 형용사일까?

❶ Pit-a-Pat
❷ Honk-Honk
❸ Tick-Tack
❹ Ding-Dong
❺ Whiz-Whiz
❻ Clap Clap
❼ Clop Clop
❽ Rat-a-tat
❾ Perk-a-Perk-a-Perk
❿ Crackle-crunch

A.

❶ 두근두근 (가슴이 뛰는 소리)

❷ 부르릉 부르릉 (자동차 소리)

❸ 째깍 째깍 (시계 소리)

❹ 땡 땡 땡 (시계의 종소리)

❺ 휘익, 휘익 (바람소리)

❻ 짝짝 (박수소리)

❼ 빠각 빠각 (말발굽 소리)

❽ 똑 똑 (노크 소리)

❾ 부글부글 (커피포트 소리)

❿ 뽀드득, 와작와작 (단단한 것이나 과자 따위를 씹는 소리)

Q 88. 아빠는 어디에?

캘리포니아의 옥수수 밭에서 방금 태어난 baby corn이 두리번거리며 주위를 둘러보았다. 하지만 baby corn은 자기를 사랑스럽게 지켜보는 mammy의 모습은 볼 수 있었지만, daddy의 모습은 어디에도 보이지 않았다.

그래서 baby corn은 mother corn에게 아빠의 행방을 물었다. 뭐라고 물었을까? 영어로 말해 보라.

A. "Where is popcorn?"

popcorn(팝콘)을 좋아하는 건 당신만이 아니라, baby corn 도 pop(아빠)은 아주 좋아한다.

Q 89. 속담 퀴즈 ❺

다음은 서양 속담이다. 잘 음미해 보고 뜻이 유사한 우리 속담을 말해 보라.

❶ There is no smoke without fire.

❷ When the cat's away, the mice will play.

❸ Abundance, like want ruins many.

❹ Every little helps.

❺ Don't put the cart before the horse.

A.

❶ 아니 땐 굴뚝에 연기 나랴.

❷ 호랑이 없는 골에 토끼가 왕.

❸ 정도가 지나침은 미치지 못함과 같다.―과유불급(過猶不及). "풍족은 부족과 마찬가지로 많은 사람들을 파멸시킨다."

❹ 십시일반(十匙一飯).

help는 도움이 되다, 또는 보탬이 되다의 뜻. "모든 하찮은 것(작은 것)이라도 도움이 된다." 즉 아무리 하찮은 것, 작은 것이라도 쓸모가 있다. "티끌 모아 태산"과 같은 뜻이다.

❺ 주객이 전도되었다.

"마차를 말 앞에 놓지 마라." 즉, 주객전도(主客顚倒) 말라는 뜻.

Q 90. 개와 사랑

인간생활과 가장 밀접한 관계를 가진 동물은 개(dog)일 것이다. "Love me, love my dog." (나를 사랑한다면 나의 개도 사랑하라.)는 속담에서도 그 친밀함이 잘 나타나 있다.

그런데 이 dog이 사람을 가리키는 데 쓰이면 그다지 좋은 소리가 되지 못한다. 이를테면 'a lucky dog'이라고 하면 '운이 좋은 놈' 'a dirty dog'이라고 하면 '비열한 놈' 또 암캐를 bitch라고 하는데, 'a son of a bitch'라는 지독스런 욕도 있어 사용하지 않는 편이 좋다.

그럼 다음의 의미는?

❶ a dog in the manager
❷ die like a dog
❸ a dead dog

A.

❶ 심술쟁이
❷ 개죽음을 하다
❸ 무용지물

Q 91. Crossword Puzzle ❿

1			2	3			4	
			5					
6	7		8		9	10		
11					12			
			13	14			15	16
	17	18				19		
20					21		22	
			23					
24							25	

【ACROSS】

1. 도박을 몹시 좋아하는 _____ 백작이 발명한 간이식사.

   _____ man   몸 앞뒤로 광고판을 걸치고 다니는 사람.

5. 아!

6. honest boy 앞에 붙는 부정관사.

8. _____ knows it 아무도 그것을 모른다.

11._____ Beach 미국 캘리포니아 주에 있는 해수욕장.

  _____ Island 미국 뉴욕 주 동남부의 섬.

12. The children are playing _____ the yard.

13. _____ eye (관찰력이) 예리한 눈.

17. _____ up 경기 개시 전의 준비운동.

19. another and _____ another 꼬리를 이어서, 차례차례 잇따라.

20. _____ for scenic beauty 경치로 유명한

22. _____ and behold 하 이것 봐라(놀랍거나 짜증스러운 것에 사람들의 관심을 끌 때 내는 소리)

23. We are _____ to drudgery. 힘든 일에 익숙해져 있다.

24. Water _____ WC

25. _____ are seven in our family. 우리 가족은 일곱 명이다.

【DOWN】

1. If I am late, I _____ lose the job. 늦으면 일자리를 잃을 것이다.

2. _____ past, God forgotten (속담) 뒷간에 갈 적 마음 다르고 올 적 마음 다르다. (형용사형)

3. _____ is this? (전화에서) 누구시죠?

210

4. If I _____ money enough, I would buy it.

7. There is _____ water on the moon. 달에는 물이 전혀 없다.

9. _____ bang (우주 창조의) 대폭발.

10. Not _____ you but also he is wrong.

14. The joke _____-d the audience highly. 그 농담을 듣고 청중은 몹시 우스워했다.

15. a long snake like fish.

16. Kill two birds with one _____. 일석이조, 일거양득.

17. _____s have ears. (속담) 밤 말은 쥐가 듣고 낮말은 새가 듣는다.

18. FM은 주파수 변조방식, _____은 진폭 변조방식.

21. Sun rise, sun _____. 해는 뜨고 또 지고.

A.

S	A	N	D	W	I	C	H	H	
H			A	H			A	
A	N		N	O	B	O	D	Y
L	O	N	G		I	N		
L			E	A	G	L	E	S
	W	A	R	M		Y	E	T
F	A	M	O	U	S		L	O
	L		U	S	E	D		N
C	L	O	S	E	T		W	E

Q 92. 사자성어 ❹

다음 영문들을 읽고 생각나는 사자성어(四字成語)는?

❶ bitter enemies in the same boat

❷ Each follows its own kind. (Birds of a feather flock together)

❸ A pupil excels his master. (Blue comes from indigo······ (but is bluer)

❹ an academic discussion (a desk theory)

❺ Jack and Jill (common people)

A.

❶ 吳越同舟 : 원수는 외나무다리에서 만난다.
_{오월동주}

❷ 類類相從 : 생각이나 가치가 비슷한 사람끼리 어울려 다
_{유유상종}
니다.

❸ 靑出於藍 : 쪽에서 나온 물감이 오히려 더욱 푸름. 스승
_{청출어람}
에게 배운 제자의 학문이나 실력이 스승을 능가함.

❹ 卓上空論 : 탁자 위에서 벌어지는 헛된 토론이란 말로
_{탁상공론}
실현될 가능성이 없는 헛된 논리나 이론을 이르는 말.

❺ 匹夫匹婦 : 평범한 남자와 여자.
_{필부필부}

Q 93. 알 카포네

엔리코 카루소(Enrico Caruso)는 세계적인 테너가수였다. 그렇게 유명한 그였지만 "아무도 자기가 스스로 생각한 만큼은 유명하지 않다."라고 말한 바 있다. 그의 이 말을 영어로 바꾸면,

"No man is so well-known as he thinks he is."

가 된다.

여기서 well-known은 '유명한'의 뜻인데, famous와 거의 같은 뜻이다. 굳이 구별을 하자면 well-known은 '이름이 널리 알려져 유명한'이고, famous는 '특히 평판이 높아 유명한'이다. 공통점은 링컨이나 헬렌 켈러 여사처럼 '좋은 의미로 유명한'이다.

반대로 '악명 높은' 즉 '나쁜 의미로 유명한' 이를테면, 밤의 대통령 알 카포네와 같은 유명한 갱스터는,

"Al Capone was a famous gangster."

이라고 말하기보다는,

"Al Capone was a (   ) gangster.

이라고 말하는 것이 옳은 표현이다. 그럼 (   ) 속에 들어갈 단어는?

A. notorious

— dog에 관한 idiom —

"to go to the dogs" : 망하다, 파멸하다.

원래는 "to throw to the dogs"였다. 즉 아주 상한 음식이나 고깃덩이를 개에게 던져준 데서 생긴 말인데, "something has gone to the dogs"라고 한다면, 『틀려버렸다, 망쳤다』와 같은 의미로 쓰인다.

"to work like a dog" : 죽도록 일하다.

『무엇인가 성취하기 위해 열심히 일한다거나 매우 성실히 일한다』는 뜻이다.

"to dog-ear"

대부분의 개들은 귀가 접혀져 있다. 그런데 독서를 하다보면 읽은 곳에서 책장을 삼각형으로 접어두고 책장을 닫는다. 그 모양이 바로 dog-ear와 비슷한 형태에서 생긴 표현이다.

"dog tired"

영어에서는 dog이 우리말로 『되게, 아주(very)』와 흡사한 의미로 형용사 앞에 붙는 것 같다. dog tired의 경우 개가 지쳐서 헉헉거리는 꼴을 연상할 수 없는 것은 아니나, tired에 dog이 붙어서 『되게 피곤한, 녹초가 된』 것으로 변천된 것으로 볼 수 있다.

이 밖에 "dog days(of summer)"라고 하면 『오뉴월 삼복더위』를 말한다.

216

Q 94. 백넘버(back number)

우리나라에서는 야구경기 중계에서 announcer가 이렇게 말한다.

"백넘버 7번을 달고 있는 김아무개 선수가 왼쪽 배터박스에 들어서고 있습니다."

여기서 백넘버, 즉 back number란 등(back) 번호(number)를 의미하는 말로 사용한 것이겠지만, 영·미인에게는 통하지 않는 말이다.

그럼 영어에서 back number라고 하면 무엇을 뜻하는 것일까?

A. 달이 지난 잡지

또 '철 지난 잡지'에서 '구식 사람'이라는 속어로도 통용된다. 운동선수의 등에 붙이는 번호는 "uniform number" 또는 "player's number"라고 한다.

Q95. 간호사

백의의 천사 간호사를 nurse라고 한다. 그럼 다음은?

❶ wet nurse :

❷ dry nurse :

A.

❶ 유모(乳母) : 젖을 먹여 키운다.

❷ 보모(保姆) : 젖은 먹이지 않는다.

Q 96. 웃기는 거래

바다 건너 일본 이야기다. 일본의 의회에서는 정기국회 회기 말이 되면 여당인 자민당과 야당과의 사이에 웃기는 거래 (comic trade)가 이루어진다고 한다.

이것을 일러 혹자는 "이것이 일본의 ( ) 정치다."라고 꼬집고 있다. 그렇다면 이 사람은 어떤 정치라고 말한 것일까?

comic trade를 구성하고 있는 10자를 적당히 배열하면 답이 나온다.

COMIC TRADE

A. DEMOCRATIC

— 색깔에 관한 idiom —

red tape : 관료적 형식주의, 관행적인 번거로운 수속·제도·
관습.

white elephant : 반갑지 않은, 쓸모없는

green thumb : 식물을 재배하는 재능

blue blood : 귀족출신, 상류계급 태생

black eye : 맞아서 생긴 눈언저리 멍

Q 97. 닭 새끼는 병아리

우리말에도 어미와 새끼를 '돼지'는 '돼지새끼'라고 부르지만 '닭'은 '병아리' '개'는 '강아지' '소'는 '송아지' 하듯이 다른 호칭을 한다. 영어에서도 거의 호칭을 달리해서 부른다.

아래의 빈 칸을 채워 넣어 보라.

	어미	새끼
말	horse	foal, colt
사슴	deer	( )
소	cow	calf
고양이	cat	kitten
양	sheep	lamb
개	dog	( )
거위	goose	gosling
염소	goat	( )
오리	duck	duckling

A. fawn, Puppy, kid

— 음료 · 술에 관한 idiom —

night-cap : 잠자리에 들기 전의 술

on the wagon : 금주 중인

teetotaler : 금주가, 술을 마시지 않는 사람

booze : 술 · 알콜류

pick-me-up : 기운을 북돋기 위한 주류

Q 98. 아무도 날 몰라

"아무도 나를 알지 못한다."를 영어로 말해 보라고 하면,

"Anybody doesn't know me."

라고 하는 사람들이 의외로 많다. 어째서 그러냐고 물어보면,

"'아무도'는 anybody이고, 이것이 단수이니까 'Anybody doesn't know me.'로 do가 아니고 does가 된 거지." 하고 국수틀에서 국숫발이 나오듯이 거침없이 술술 대답한다.

하지만 안타깝게도 이것은 빗나간 대답이다.

그럼 올바른 대답은?

A. "Nobody knows me."

영어에서는 부정의 말은 거의 앞에 내세운다. 이에 비해 우리말은 거의 뒤로 돌린다.

"나는 당신을 사랑하……"

이것만으로는 사랑하고 있는지 어떤지 모른다.

"나는 당신을 사랑하지……않는 것은……아닌데……"라고 할라치면 상대는 지옥과 천국을 들락거리게 된다.

그런데 영어에서는, I don't……로 시작되면 다음에 올 말은 들으나마나 뻔할 뻔자다. I don't love……까지만 들으면 마음 놓고(?) 졸도해도 좋다.

경우에 따라서는 "Never!"라고 한 마디로 해버린다. 말하자면, 영어는 실무적이고 우리말은 정서적이다.

여기서 우리는 다음과 같은 법칙을 찾아낼 수 있다.

"영어에서는 일반적으로 부정하는 말을 앞에 내세우고(실무적 : 직설적), 우리말에서는 될 수 있는 대로 뒤로 돌린다(정서적 : 감성적)."

Q 99. 이니셜 게임

다음 initial의 본 말은 무엇인가?

❶ D. J. (이것도 모르면……)

❷ H. C. L. (주부들의 고민거리)

❸ UCLA (아메리칸 풋볼의 강호. 젊은이들의 티셔츠
에 많이 찍혀 있다)

❹ N. G. (몇 번 내면 짜증나지)

❺ V. I. P. (당신도 이런 신분이 될 수 있다)

❻ B. M. O. C. (모두가 동경하지)

❼ B. L. T. (미국에서 많이 먹는 패스트푸드)

❽ P. J. S (잘 때 입는다)

❾ G (거물임을 확인하다)

❿ O. P. S (내 것이 아니면)

A.

❶ Disc Jockey (레코드 음악프로의 진행자)

❷ High Cost of Living (물가고)

❸ University of California at Los Angeles (캘리포니아 대학 로스앤젤레스 분교)

❹ No Good (나쁘다, 다시)

❺ Very Important Person (요인, 중요인물)

❻ Big Man On Campus (대학에서 인기 있는 사람, 특히 스포츠의 명선수)

❼ Bacon, Lettuce and Tomato (베이컨과 토마토와 상추, 즉 샌드위치를 말함). 그리고 Lettuce를 빼면 B and T라고 한다.

❽ Pajamas (파자마)

❾ Grand (『위대한』 또는 『천 달러 지폐』를 뜻한다)

❿ Other People's (남의 것) : 이를테면 이런 식으로 사용한다.

　　He always smokes Op's.

　　(저 녀석은 늘 남의 담배만 피운다)

Q 100. Crossword Puzzle (11)

1	2	3	4			5		6
7				■	■		■	
8			9		■	10	11	
	■	12			13	■		■
■	14							■
15				■		■		■
■		■	16		17		18	
19		20	■	21				
22			■		■			

【ACROSS】

1. 젊은이.

7. Stand at _____! (구령) 쉬어!   with _____ 쉽게, 용이하게.

229

8. the Seoul-Incheon ＿＿＿＿ 경인 지구. (복)

10. ＿＿＿＿ III, scene ii 제3막 제2장.

　　the ＿＿＿＿s (of the Apostles) (성서) 사도행전.

12. ＿＿＿＿ way 무료 고속도로,

　　have one's hands ＿＿＿＿ 한가하다, 손이 비어 있다.

14. 문화; 교양.

15. 백합.

16. throw in the ＿＿＿＿ (권투) 패배를 인정하다, 항복하다.

19. ＿＿＿＿ pipe 스코틀랜드 고지 사람이 부는 피리.

21. 가극(歌劇).

22. Aphrodite의 아들이며 사랑의 신.

【DOWN】

1. from ＿＿＿＿ to ＿＿＿＿ 해마다, 매년.

2. 노.

3. It is a ＿＿＿＿ thing to have by you. 곁에 두어 편리한 물건이다.

4. He is not ＿＿＿＿ so clever as his father. 재주로는 도저히 아버지를 따르지 못한다.

5. We ＿＿＿＿ at five o'clock. 우리 집에서는 5시에 차를 마신다.

6. You old ＿＿＿＿! 이 쥐새끼 같은 놈!

9. ＿＿＿＿ up a tent 텐트를 치다.

11. a _____ advice   현명한 충고.

13. _____an Economic Community   유럽경제공동체, 유럽공동시장(EEC)

14. 콜럼버스가 발견한 잎을 만 담배.

16. _____ see is _____ belive.   (격언) 백문불여일견(百聞不如一見).

17. 너와 나.

18. daughter : son = lass : _____

19. am, is, are의 대표.

20. One, two, three, _____!   하나, 둘, 셋, 시작!

A.

Y	O	U	N	G	S	T	E	R
E	A	S	E			E		A
A	R	E	A	S		A	C	T
R		F	R	E	E		L	
	C	U	L	T	U	R	E	
L	I	L	Y		R		V	
	G			T	O	W	E	L
B	A	G		O	P	E	R	A
E	R	O	S		E			D

Q 101. 동물농장

말 찾기(Seek a word)는 미국에서는 Crossword Puzzle과 함께 널리 유행되는 퀴즈다.

아래 알파벳 가운데서 열다섯 마리의 동물 이름을 찾아라.

단, 단어는 좌·우·상·하 어느 쪽에서부터 읽어도, 또 대각선으로 읽어도 상관없다.

```
U R A X A M E E
S W O T T E R L
N E R N B G I G
A S A A V N C A
K P B O T X B E
E T B U A P L C
C H I C K E N J
D E T H P L F G
L Q K H R I S O
G P A R R O T R
C N W K C U D F
T R A C C O O N
K N U K S X F H
```

A. fox, raccoon(너구리), duck, frog, otter(수달),
bee, ant, rabbit, eagle, chicken, rat, snake,
parrot(앵무새), skunk, elephant

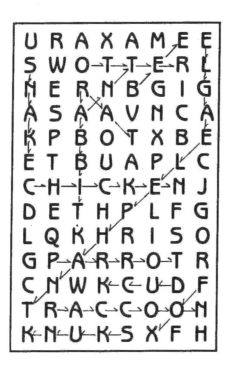

```
U R A X A M E E
S W O T T E R L
H E R N B G I G
A S A A V N C A
K P B O T X B E
E T B U A P L C
C H I C K E N J
D E T H P L F G
L Q K H R I S O
G P A R R O T R
C N W K C U D F
T R A C C O O N
K N U K S X F H
```

Q 102. 수영장에서

다음에 summing의 종류를 열거해 놓았다. 이것들을 영어로
말해 보라.

❶ 일반적으로 freestyle로 선택하는 영법
❷ 평영
❸ 접영
❹ 배영
❺ 개헤엄
❻ 모재비 헤엄
❼ 수중 발레

A.

❶ crawl stroke

❷ breast stroke

❸ butterfly

❹ backstroke

❺ dog paddle

❻ sidestroke

❼ synchronized

swimming(경영) 종목으로는 크게 나누어 breast stroke(평영), freestyle(자유형), butterfly(접영), backstroke(배영)이 있다. 여기서 일반적으로 자유형은 crawl을 선택한다.

Q 103. 솔로몬 그룬디

다음은 영국의 전승동요 『마더 구스』(Mother Goose) 가운데서 『Solomon Grundy』라는 동요이다. ( ) 안에 들어갈 적당한 말은?

Solomon Grundy,

Born on a Monday,

Christened in Tuesday,

( ) on Wednesday,

Took ill on Thursday,

Worse on Friday,

Died on Saturday,

Buried on Sunday,

That was the end.

A. Married

우리말로 옮겨 보면,

솔로몬 그룬디는,
월요일에 태어나서,
화요일에 세례 받고,
수요일에 장가들어,
목요일에 병이 나서,
금요일에 악화되더니,
토요일에 세상을 떠나.
일요일에 장사지냈다.
그걸로 끝이라네.

Q 104. 영어회화 10계명

『도둑질하지 말라』, 『간음하지 말라』 등, 모세의 10계명이 있듯이, 영어회화에도 다음과 같은 "10 Don'ts"가 있다.

아래 10개의 taboo 가운데 맨 마지막 것은?

❶ 함부로 나이를 묻지 말라.

❷ 함부로 상대방의 수입을 묻지 말라.

❸ 함부로 결혼 여부를 묻지 말라.

❹ 함부로 인종을 묻지 말라.

❺ 함부로 정치에 대해서 논하지 말라.

❻ 함부로 상대방 집안의 치부를 입 밖에 내지 말라.

❼ 함부로 상대방의 결점을 말하지 말라.

❽ 함부로 privacy를 침해하지 말라.

❾ 함부로 자랑하지 말라.

❿ ?

A. 함부로 슬랭을 쓰지 말라.

— 사과에 관한 idiom —

the apple of (one's) eye : 대단히 소중한 것
apple은 사과의 뜻 외에도 눈동자의 의미도 지니고 있었다. 눈이란 없으면 안될 극히 소중한 것이다.

a bad apple : 악인(惡人)
이 표현은 『나쁜 사과 한 알이 모든 사과를 썩게 만든다』는 속담이 비유하는 바다.

in apple-pie order : 질서 정연하게
"an apple pie bed"라는 명사구가 있다. 이것은 "파고 들어가기가 어려울 정도로 시트가 팽팽히 깔린 침대"의 뜻이다. an apple pie bed 는 그 후 in apple-pie order라는 숙어로 사용되게 되어 오늘날 침대뿐 만 아니라 『질서 정연한』 것이면 어디에나 쓰이게 되었다.

apple-polisher : 비위를 잘 맞추는 사람, 아첨꾼
선생님에게 사과와 같은 작은 선물을 하는 오랜 습관에 기인한다. 이 와 비슷한 의미로 "yes man" 이 있는데, 무엇에나 "yes"만 연발하는 『줏대 없는 사람』 의 뜻이다.

to upset the apple cart : 남의 계획을 둘러엎다
원래는 『직역하면 사과를 실은 수레를 둘러엎다』이다. 지금은 누구 의 계획을 망치거나, 크게 실망시키는 것을 가리켜 to upset the apple cart라는 표현을 쓴다.

Q 105. 정직한 존

선생님이 어느 날, 정직한 존(Honest John)에게 이렇게 물었다.

    "What's the difference between
          George Washington and you?"

그러자 존은 이렇게 대답했다.

"Washington ❶ (   ) tell a lie,
    and I ❷ (   ) tell a lie."

❶, ❷의 (   ) 속에 다음의 보기 가운데서 알맞은 말을 골라 넣어라.

보기   (가) didn't (나) can't (e) won't

A. ❶ can't ❷ won't

"조지 워싱턴과 네가 다른 점은?"
이라고 물은 데 대해, John의 대답은,
"Washington은 (절대로) 거짓말을 하지 않는 사람이었지만,
나는 (되도록이면) 거짓말을 하지 않으려고 하고 있습니다."

Q 106. 단어의 왕

쉬운 단어일수록 그만큼 많이 사용되니까 여러 의미로 쓰인다. 이를테면 하루 일과 속에서 do가 얼마만큼 사용되는지를 알아보자. 다음 문장에서 ( ) 속을 메워 가면서 공부해 보자.

"일요일 아침 일찍 일어난 그녀는 머리를 감는다."

이 '머리를 감다'를 '세발(洗髮)'이라는 한자어를 생각하기 때문에 시간만 허비하게 된다.

"She is doing her hair." 하면 훌륭한 것이다.

"그리고 그녀는 꽃꽂이를 한다."

꽃꽂이는 flower arrangement 이니까 "She is arranging flowers."라고 하면 더없이 좋겠지만, arrange를 모르더라도, "She is doing flowers."라고 하면 훌륭한 영작이다.

"그러고 나서 그녀는 남자친구와 restaurant에 가서 beefsteak를 주문했다."

웨이터가 "How do you like your meat."(어느 정도 익힐까요?) 하고 물었다.

바짝 익힌 것을 원하면 (❶)

적당히 익힌 것은 medium,

살짝 익힌 것은 (❷)

restaurant을 나선 두 연인은 먼저 박물관을 구경하자고 남자가 말했다. 그러면

"Let's (❸) the museum first, shall we?"

"그러고 나서 자동차를 타고 drive를 한다."

"자동차는 시속 80킬로미터로 달리고 있다."라고 하면,

"The car is (❹) 80 kilometers an hour."가 된다.

A.

❶ well done

❷ underdone

❸ do

❹ doing

Q 107. 이디엄 퀴즈 ❽

다음 빈칸에 들어갈 단어는?

As the (   ) flies my home is about 3 miles away.
'직선거리'로 우리 집에서 3마일 밖에 있습니다.

How far away is the downtown section as the (   )
flies.
번화가까지 '직선거리'로 얼마나 되나요?

* 이 관용구에는 새 이름이 들어간다.

A. craw

관용구는 'as the craw fly'로, 『일직선으로』, 『곧장』이라는 뜻이다.

새에 관한 표현으로서는 주로 그 조류의 특성을 감안하여 납득이 가는 것이 많다.

이 표현은 18세기 경부터 쓰이기 시작했는데, 곁눈질 한번 없이 목적한 곳을 향하여 직선으로 날아가는 모양을 묘사하는 관용구다.

craw(까마귀)를 등장시킨 것은 이 새가 특히 직선 비행을 하는 데 기인한 것 같다.

Q 108. 이디엄 퀴즈 ❾

다음 빈칸에 들어갈 단어는?

Mary said that her (   )-eyed husband noticed every peny she spent.

메리는 그녀의 빈틈없는 남편이 그녀가 쓰는 동전 한 닢까지 주의를 기울이고 있다고 말했다.

You'd better drive carefully in that town : It's full of (   )-eyed policemen.

그 거리에는 날카로운 눈을 번뜩이는 경찰이 그득하니까 조심해서 운전하는 게 좋아.

A. eagle

'eagle eyed'라면 『독수리의 눈을 가진』의 뜻이다. 때로는 매(hawk)를 등장시켜 'hawked eyed'라고도 한다.

독수리나 매 같은 맹금류는 높은 하늘을 선회하다가 풀섶의 쥐 한 마리가 움직여도 날쌔게 급강하해서 잡아챌 만큼 예리한 시력을 가진 것으로 알려져 있다.

'eagle eyed'를 사용하여 누군가를 설명할 경우에는, 『그 사람은 거의 모든 것을 볼 수가 있어. 그 사람이 모르는 일은 거의 조금밖에 없다』처럼 된다.

Q 109. 이디엄 퀴즈 ❿

다음 빈칸에 들어갈 단어는?

Stop being a (   ) and simply tell your father that you damaged the car.

겁만 먹지 말고 솔직히 차를 망가뜨린 일을 아버지께 말씀드려라.

I'm afraid I'm too much of a (   ) to try parachute jump.

낙하산을 펴고 뛰어내리기에는 나는 너무 겁이 많은 것 같다.

A. chicken.

사소한 인기척에도 chicken(병아리)이 어미닭의 날개 밑으로 뛰어드는 것을 본 사람이면 왜 이 말이 소심하고 겁 많은 사람을 가리키게 되었는지를 납득히게 될 것이다.

이 표현은 chicken, to be a chicken, to be chicken hearted 등 여러 가지 형태로 쓰인다.

Q 110. Crossword Puzzle (12)

1		2	3		4		5	
	■	6		■		■		■
	■	7						
8				■		■		■
	■	■		■	9	10		11
12	13		14	15		16		
17			■			18		
19		■	20				■	
■	21				■	22		

【ACROSS】

1. I _____ that I met her once. 그녀와 한번 만난 적이 있다(만났던 것을 기억하고 있다). (3단현)

6. _____man 나무꾼(woodman).

7. _____ fiction 공상과학소설.

8. _____ father, _____ son (속담) 그 아비에 그 아들, 부전자전.

   as _____ as cheese and chalk 천양지차(天壤之差).

9. 똑똑 떨어지다.

12. _____ course

14. point _____ the door 문 (쪽)을 가리키다.

16. evening의 약(略).

17. Are you interested? : Not at _____. 마음에 있나? : 전혀 없네.

18. _____gull 갈매기. _____horse 해마(海馬).

19. We have nothing to _____ with that plan. 우리는 그 계획과 전혀 관계가 없다.

20. _____ a drum.

21. _____ will I see you again? 언제 우리 다시 만날까요?

22. Is the baby a he or a _____? 아기는 사내냐, 계집애냐?

【DOWN】

1 기차가 달리는 길.

2. put on a _____ 정체를 숨기다. death _____

3. We work everyday _____ on Sunday. 일요일을 제외하고는 매일 일한다.

4. Oil and water do not _____.

5. 명사는 receipt, reception

10. day of _____ 안식일. (복)

   He _____s in the churchyard.   그는 묘지에 잠들어 있다.

   (3단현)

11. _____ Corps   평화봉사단.

   _____ offensive   평화공세.

13. Rivers _____ into the ocean.   강은 바다로 흘러간다.

15. hot from the _____   갓 구워낸, 따끈따끈한.

20. It will _____ fine tomorrow.

R	E	M	E	M	B	E	R	S
A		A	X		L		E	
I		S	C	I	E	N	C	E
L	I	K	E		N		E	
R			P		D	R	I	P
O	F		T	O		E	V	E
A	L	L		V		S	E	A
D	O		B	E	A	T		C
	W	H	E	N		S	H	E

Q 111. 크로스워드 마방진 ❶

아래의 마방진은 가로 세로 ❹ 의 Crossword를 채우는 문제다. ❹ 에는, 지금 당신도 그 중의 한 사람으로 되어 있는 단어가 들어간다. 이것이 힌트이다. 힌트를 하나만 더 주어 보면 ❷ 에는 Time and (   ) wait for no man. 의 빠진 단어가 들어간다.

	❶	❷	❸	❹	❺	❻	❼
❶	S	T	I				
❷	T	I	D				
❸	I	D	E				
❹							
❺					V	I	L
❻					I	D	E
❼					L	E	D

A. READERS

	❶	❷	❸	❹			
❶	S	T	I	R			
❷	T	I	D	E			
❸	I	D	E	A	❺	❻	❼
❹	R	E	A	D	E	R	S
❺				E	V	I	L
❻				R	I	D	E
❼				S	L	E	D

Q 112. 크로스워드 마방진 ❷

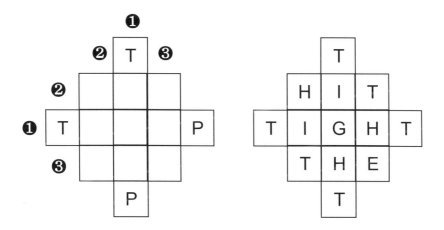

위 그림의 오른쪽은 가로에서 읽거나 세로로 읽거나 같은 단어로 되어 있다. 즉 TIGHT, HIT, THE 3 단어이다.

그럼 같은 모형으로 왼쪽 그림의 크로스워드를 완성해 보라. 들어갈 문자는 HLNNTTUU이다.

A. 아래와 같다.

		T		
	N	U	T	
T	U	L	I	P
	T	I	N	
		P		

Q 113. 크로스워드 마방진 ❸

아래 마방진의 빈칸에는 AADDEEHNT 문자가 들어가도록
되어 있다.

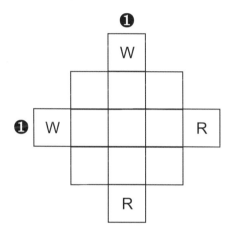

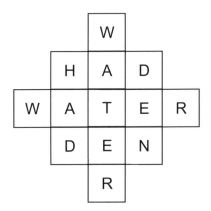

Q 114. 알파그램 퍼즐

이 알파그램에서는 D F G L N O V W X 의 9 문자가 빠져 있을 뿐이다. 힌트가 없다고 할 수 있겠지만, 하나만 제공한다. 『개는 눈이 오면 좋아한다』는 걸 알면 반은 푼 셈이다. 빈칸에 문자를 넣어보라.

A. 그림과 같다.

				D	
	S	N	O	W	
F	L	Y		G	
		M			
		P			
Q	U	A	C	K	
		T			
		H			
	J	I	B		
		Z			
	V	E	X		
		R			

Q 115. Crossword Puzzle (13)

1	2		3		4		5	
6		■		■		■		■
	■	7				■		8
9	10	■		■	11	12		
13		14	■	15	■			■
16			■	17				
■	18		19				■	
20				■	21		22	
■		■		■	23			

【ACROSS】

1. (이야기、사건、프로에서) 가장 중요한(흥미있는) 부분.

6. hour에 붙는 부정관사.

7. _____ in Korea

9. Some animals, _____ tigers, eat meat. 동물 가운데는 호랑이같이 육식을 하는 것이 있다.

11. 온순한, (맛이) 부드러운.

13. China _____ 먹. _____ fish 오징어(cuttlefish).

16. 이온.

17. _____ throw (야구) overthrow의 반대 투구방법.

18. “_____ side story” 미국의 유명한 뮤지컬 영화.

    _____ Point 미 육군사관학교.

20. 뒤꿈치.

21. 바느질하다. (3단현)

23. 고상한 서정시. (복)   “the Book of _____” 《시경(詩經)》(복)

[DOWN]

1. 1959년 미국 50번째 주로 승격.

2. The sun rises _____ the east and sets _____ the west. 해는 동쪽에서 떠서 서쪽으로 진다.

3. _____ quarter 본부.

   _____ office 본사.

4. _____ by 항목별로, 한 조목 한 조목씩.

5. 남성을 나타내는 대명사.

8. of no _____ 주소 불명의.

10. 눈이 내린.

12. I am _____ very glad. 참으로 기쁘다.

14. at one's mother's _____ 어머니 슬하에서, 어린 시절에.

15. Please _____ me a slice of bread. 빵 한 조각을 잘라 주세요.

19. 교활한.

21. I was not _____ much angry as disappointed. 나는 성이 났다기보다 오히려 실망했다.

22. 우리는

H	I	G	H	L	I	G	H	T
A	N		E		T		E	
W		M	A	D	E			A
A	S		D		M	I	L	D
I	N	K		C		N		D
I	O	N		U	N	D	E	R
	W	E	S	T		E		E
H	E	E	L		S	E	W	S
	D		Y		O	D	E	S

ENGLISH

유 머	HUMOUR
명 언	WISE SAYING
속 담	PROVERB

1. 영어 낙서를 훔쳐보자.

　낙서라는 것은 동서고금을 막론하고 근절할 수가 없는 것인가 보다. 특히 화장실(변소), 벽, 어디고간에 가리지 않고 이들 장소는 낙서광들의 잡기장이 된다.

　"Don't scribble on this wall."
　"이 벽에 낙서하지 마시오"
와 같이 직선적인 낙서가 있는 반면,

　"Anybody who writes on walls is nuts."
　"벽에 낙서하는 놈은 멍청이다."

또 진일보해서 운(韻)까지 밟은 시적(詩的)인 표현도 있다.

　"Fools' names are like their faces
Always seen in a public places."
　"바보들의 이름은 그들의 얼굴과도 같아서 공공장소라면 어디에서라도 볼 수 있다."
와 같이 멋진 것도 있다.

"God is dead.　　　— Nietzche"
"신은 죽었다.　　　　— 니체"

그러자, 그 밑에,

"Nietzche is dead.　　　— God"
"니체는 죽었다.　　　— 신"
와 같이 철학적인 낙서도 있다.

"The penis mightier than the sword."
"페니스는 검(劍)보다도 강하다."
"The pen is mightier than the sword."의 인용.

"Support free enterprise — Legalize prostitution
"자유경제를 지지하자―매춘을 공인하라"
와 같이 슬로건적인 낙서가 있는가 하면,

"Is there life after birth?"
"생후(生後)의 생(生)은 있는가?"
『Life after death』(사후의 생)을 빗대서 『life after
birth』라고 빈정대고 있다. 태어난 이상 생(生)이란 것이 있을
것인가, 라는 염세적인 낙서다.

"I am a virgin.
"나는 처녀."
라고 하자,

"I am a former virgin."

"나는 전(前) 처녀."

라고 former를 사이에 끼워 넣어 되받아친 것.

"I'm ten inches long and three inches around."

"내 길이는 10인치이고 둘레가 3인치."

라고 자랑을 하자,

"Crazy man! But how long is your prick?"

"미친 놈! 그럼 네 페니스의 길이는?"

라고 반박했는데, 처음의 작자가 "My prick is ……."(내 페니스는…….)이라고 서두를 시작하지 않은 것을 잽싸게 약점 잡아, 『그래 신장이 10인치라면 네놈의 페니스는?』하고 꼬집은 것.

이런 유의 낙서는 화장실(좀 지저분한 화장실, 즉 변소)에 가장 많다. 변소 문을 닫고 변기에 앉았더니 눈앞에,

"Smile, you're on candid camera!"

"웃어요, 당신은 몰래카메라에 찍히고 있어요!"

이런 낙서를 해놓고 혼자 시시덕거리는 것이 낙서광들의 심리인 것 같다. 그런가 하면 자기 자랑을 하는 낙서에는 여지없는 반격이 뒤따른다.

"I've got what every woman wants."

"난 어떤 여자라도 탐내는 것을 갖고 있다."

"Then you must be in the fur business."

"그래? 그럼 넌 모피 장수인 게로구나."

밍크 모피 같은 것은 여자가 탐을 내는 것이기에 앞의 녀석이 자랑한 큰 물건을 묵살해 버리고 있다.

그러자 다른 한 낙서광이 이렇게 마무리해 버린다.

"While you're reading this, you're peeing on your shoes.

"이것을 읽으면서 당신은 신발 위에 오줌을 지리고 계십니다."

2. 영어 유머를 즐겨보자.

An Old Man with a Beard

There was an old man with a beard,
Who said, "It is just as I feared, —
Two owls and a hen, four larks and a wren
Have all built their nests in my beard."

턱수염 할아버지

턱수염이 텁수룩한 할아버지가 있었습니다.
할아버지가 말했습니다. "내가 걱정한 대로, —
올빼미가 두 마리, 암탉이 한 마리,
거기다 종달새가 네 마리, 굴뚝새가 한 마리,
내 턱수염 속에 집을 지었구나."

— 에드워드 리어 / 허풍쟁이 할아버지

Edward Lear는 19세기 영국의 문학가로서 comic verse(우스 꽝스런 시)의 명인이었다.

272

— HUMOUR —

Bus fare

Wife : "While I was going downtown on the bus this morning, the conductor came alone and looked at me as if I had not paid my fare."

Husband : "Well, what did you do?"

Wife : "I looked at him as if I had."

버스 요금

아내 . "오늘 아침 버스로 시내에 가는데, 차장이 다가와서는 마치 내가 요금을 내지 않기라도 한 것처럼 바라보지 않겠어요?"

남편 : "그래, 당신은 어떻게 했소?"

아내 : "저두 마치 요금을 낸 것처럼 차장을 바라보았죠 뭐."

Two Feet

"Son, that school is only a block away. You don't really want me to drive you there, do you? After all, why do you think the good Lord gave you two feet?"

"One foot is to put on the brake, and the other foot is to put on the accelerator."

두 발

"얘야, 학교까지 불과 한 블럭 거린데, 설마 학교까지 차로 데려다 달래는 건 아니겠지? 그래 넌 하나님께서 두 발을 주신 까닭을 모르겠니?"

"한쪽 발로는 브레이크를 밟고, 한쪽 발로는 액셀러레이터를 밟으라고요."

A Bird in the Bush

There was an old man who said,
"Hush! I perceive a young bird in this bush!
"When they said, "Is it small?"
He replied, "Not at all;
It is four times as big as the bush!"

덤불 속의 새

할아버지가 말했지.
"쉬! 이 덤불 속에는
새끼 새가 한 마리 있단다!"
그러자 모두가 물었습니다. "아주 작은 샌가 보죠?"
그가 대답했습니다. "천만에;
덤불보다 네 배나 큰 놈이란다!"

— 에드워드 리어 / 허풍쟁이 할아버지

— HUMOUR —

"Don't bother!"

A three-year-old girl, obviously lost, was taken to the police station. She didn't know her name or where she lived.

An officer began going through her pockets, hoping to find a clue to her identity.

"Don't bother," she said. "I don't carry a gun."

귀찮게 굴지 말아요!

미아로 보이는 세 살짜리 계집아이가 경찰서의 보호를 받게 되었다. 그 아이는 자기 이름이나 사는 곳도 몰랐다.

한 경찰관이 신원을 알 만한 단서라도 찾기 위해 계집아이의 호주머니 속을 뒤지기 시작했다.

"귀찮게 굴지 말아요!" 계집아이가 말했다. "난 권총 같은 거 갖고 다니지 않는단 말이에요."

SHAKING

Geraldine now, stop shaking that cow
For heaven's sake,* for your sake and the cow's sake.
That's the dumbest way I've seen
To make a milk shake.

흔들기

제랄딘, 이제 젖소를 그만 흔들렴.
제발, 너랑 젖소 둘 다를 위해서야.
세상에 밀크셰이크를 그렇게
미련하게 만드는 사람이 어디 있니?
— 셸 실버스타인의 / 다락방의 등불

*for heaven's sake : 제발

Zebra Question

I asked the zebra,
Are you black with white stripes?
Or white with black stripes?
And the zebra asked me,
Are you good with bad habits?
Or are you bad with good habits?
Are you noisy with quiet times?
Or are you quiet with noisy times?
Are you happy with some sad days?
Or are you sad with some happy days?
Are you neat with some sloppy ways?
Or are you sloppy with some neat ways?
And on and on and on and on
And on and on he went.
I'll never ask a zebra
About stripes
Again.

— 셸 실버스타인 / 다락방의 등불

얼룩말의 물음

내가 얼룩말에게 물었지.
넌 검은 바탕에 흰 줄이 쳐진 거니?
아니면 흰 바탕에 검은 줄이 쳐진 거니?
얼룩말이 내게 물었지.
넌 버릇이 나쁜 좋은 애니?
아니면 버릇이 좋은 나쁜 애니?
넌 조용하게 시끄럽니?
아니면 시끄럽게 조용하니?
넌 슬프게 행복하니?
아니면 행복하게 슬프니?
넌 지저분하게 깔끔하니?
아니면 깔끔하게 지저분하  니?
어쩌고 저쩌고
저찌고 어쩌고
다시는 얼룩말에게
뭘 물어보나 봐라.

Home Exercise

Teacher : "Tell me truth now. Who did your home exercise?"

Jack : "Father."

Teacher : "Quite alone?"

Jack : "No, I helped him with it."

선생님 : "자, 바른대로 말해 봐. 숙제를 누가 해줬지?"

잭 : "아빠가요."

선생님 : "아빠 혼자서?"

잭 : "아니요, 제가 좀 도와드렸어요."

HOW NOT TO HAVE TO DRY THE DISHES

If you have to dry the dishes
(Such an awful, boring chore)
If you have to dry the dishes
(Stead of going to the store)
If you have to dry the dishes
And you drop one on the floor—
Maybe they won't let you
Dry the dishes anymore.

접시를 닦지 않아도 되는 법

접시를 닦아야만 한다면,
(얼마나 지겹고 넌덜머리나는 일인가 말이야)
접시를 닦아야만 한다면,
(가게에 가서 맛있는 걸 군것질하는 대신에 말이야)
접시를 닦아야만 한다면,
그 땐 한 개를 마루에 떨어뜨리렴.
그럼 다시는 접시를 닦으라고
하지는 않을걸, 절대로.

— 셸 실버스타인 / 다락방의 등불

— HUMOR —

Mother & Son

Boy : Mom, why doesn't pop have any hair?
Mother : Because he thinks so much.
Boy : Why do you have so much hair?
Mother : Go away!

어머니와 아들

아이 : "엄마, 아빠는 왜 머리카락이 없지?
엄마 : "그건 아빠가 생각이 많으셔서 그렇단다."
아이 : "그럼 엄마는 왜 머리카락이 그렇게 많지?"
엄마 : "저리 가서 놀아라!"

— HUMOR —

Who Broke Them?

Father to children : And what have you done to help
your   mother today?

Jimmy : I washed the dishes

Charlie : I wiped them.

Susie : And I picked up the pieces!

누가 깨뜨렸나?

아버지가 아이들에게 : "너희들 오늘은 엄마에게 무슨 일을 도
와   드렸니?"

지미 : "난 접시를 닦았어요."

찰리 : "난, 접시를 훔치고요."

수지 : "난, 접시조각을 주웠어요."

I never kissed a man

She : "How dare you! No! I never kissed a man in my life!"

He : "Aw, don't get so stuck-up about it. I never did, either."

남자와 키스해 본 일이 한 번도 없어요!

여자 : "아니, 어디를 감히 ! 안돼요! 전 남자와 키스해 본 일이 한 번도 없어요!"

남자 : "어휴, 그걸 자랑이라고 합니까? 저 역시 남자와 키스해 본 적은 한 번도 없다구요."

Mink Coat

Customer : "Can I wear this mink coat in the rain without   spoiling it?"
Clerks : "Madam, have you ever seen a mink carrying umbrella?"

손님 : "이 밍크코트는 비를 맞으면 망치지 않을까요?"
점원 : "부인, 우산 들고 다니는 밍크 보신 적 있습니까?"

— HUMOR —

Doctor & Patient

Doctor : You'd better be on a diet.

Patient : Oh really? In what way?

Doctor : You can have three lettuce leaves, one piece of
toast, and a glass of orange juice.

Patient : Certainly, doctor, But do I take them before or
after meals?

의사와 환자

의 사 : 다이어트 좀 하시는 게 좋겠습니다.

환 자 : 아, 그래요? 어떻게 하지요?

의 사 : 상추 세 잎에다 토스트 한 조각, 그리고 주스 한 잔을 마시는
게 좋겠습니다.

환 자 : 꼭 그렇게 하지요, 선생님. 그런데 그것들을 식전에 먹나요,
식후에 먹나요?

— HUMOR —

My Mother

Mother's Day comes on the second Sunday in May. First of all, every boy thinks his Mother is beautiful— the most beautiful woman in the whole world.

My Mother is prettier than Mrs. Clinton or Mrs. Gore even Brooke Shields. My mother is so beautiful she could a movie star. Only she's too busy washing dishes. My father is very lucky he got her.

우리 엄마

5월의 두 번째 주는 어머니날이다. 무엇보다도 아이들은 모두가 자기 엄마가 이 세상에서 제일 예쁘다고 생각한다. 우리 엄마는 클린턴 대통령 부인보다도 고어 부통령 부인보다도, 부룩 실즈보다도 더 예쁘다. 엄마는 너무 예뻐서 영화배우가 되는 것도 문제가 아니다. 다만 접시 닦기가 바빠서 못할 뿐이다. 이런 엄마를 얻은 아빠는 되게 재수가 좋은 편이다.

Adam and Eve

Adam and Eve had their troubles. One day Adam became very angry.

"Darn it, Eve," he said. "You've put my pants in the salad again!"

아담과 이브

아담과 이브에게도 부부싸움은 있었다. 어느 날, 아담이 몹시 화가 났다.

"이런 제기랄! 이봐, 이브. 당신은 또 내 팬츠를 샐러드에 넣었구려."

【사족】 아담의 팬츠는 풀잎으로 엮은 것임을 상기하라. 그리고 again이라는 말에도 묘미가 있다. 이브는 샐러드에 넣을 풀잎을 뜯으러 나가기 귀찮아 자주 아담의 팬츠를 샐러드 만드는 데 사용하는 모양이다.

ROBIN HOOD

Teacher : "Now we've read through Robin Hood. Why did he rob only the rich?"

Bright Student : "The poor had no money."

*read through ~ : ~을 전부 읽다.
  the rich : 부자들
  the poor : 가난한 자들

로빈 후드

선생님 : "자, 이제 우리는 로빈 후드를 전부 읽었다. 로빈 후드는 왜 부자만을 털었을까?"

명석한 학생 : "가난한 사람들은 돈이 없으니까요."

최대의 걸작

A famous author was being interviewed.

"And which of your works of fiction," asked the reporter respectfully, "Do you consider your best?"

The author didn't bat an eyelash.

"My last income-tax return."

*bat an eyelash : 눈을 깜박이다.

return : 보고, 신고서

어느 유명한 작가가 기자회견을 했다.

"그런데 당신이 쓴 소설 가운데 가장 걸작이라고 생각하는 것은 무슨 작품인가요?"라고 기자가 정중하게 질문했다.

작가는 눈 하나 깜짝하지 않고 말했다.

"최근에 제출한 소득세 신고서입니다."

【사족】 fiction은 『가공의 이야기』를 적은 소설의 뜻으로, 이 작가가 제출한 소득세 신고서는 아마도 가공적이었나 보다. 가공이 아닌 실화에 근거한 작품은 non-fiction이라고 한다.

Heredity

A youngster, being scolded for a poor report card, asked : "Dad, what do you think is the trouble with me, heredity or environment?"

유 전

형편없는 성적표를 보이고 아빠로부터 야단을 맞은 소년이 이렇게 물었다.

"아빠, 제게 뭐가 문제라고 생각하시나요? 유전이나 혹은 환경 문제는 아닐까요?"

Dear Mrs. Jenkins,

Before I show this report card to my father, I want to know that he is a very sick man with a bad heart and shouldn't be disturbed.   — Arnold

친애하는 젠킨스 선생님,

이 성적표를 아빠에게 보이기 전에 나는 선생님께 우리 아빠가 심장병이 위중하므로 절대 쇼크를 받아서는 안된다는 점을 미리 알려두는 바입니다.   — 아놀드 올림

A Mother from St. Louis told us that her eight-year-old son left his bad report card on her dresser with the following note :

세인트루이스에 사는 한 학부모는 그녀의 여덟 살짜리 아들이 다음과 같은 쪽지와 함께 그의 형편없는 성적표를 찬장에 놓아두었다고 전해 왔다.

Dear Mother,

I love you very much. Even if you ever made a mistake, I would love you. You are beautiful.

— Your loving son, Billy

엄마 보세요,

난 엄마를 아주 사랑해요. 비록 엄마가 잘못을 저질렀다 하더라도 나는 엄마를 사랑할 거예요. 엄마는 아름다워요.

— 엄마의 사랑하는 아들 빌리 올림

A LIGHT IN THE ATTIC

There's a light on in the attic.
Though the house is dark and shuttered.
I can see a flickerin' flutter,
And I know what It's about.
There's a light on in the attic.
I can see it from the outside,
And I know you're on the inside······lookin' out.

다락방의 등불

다락방에 켜져 있는 불빛 하나.
집은 깜깜하게 닫혀 있는데,
깜박거리는 불빛 하나 보이네.
난 그게 왜 켜 있는 줄 알아.
다락방에 켜져 있는 불빛 하나.
바깥에서 그 불빛 보이네,
난 네가 안에 있는 걸 알지······밖을 내다보면서.

— 셸 실버스타인 / 다락방의 등불

— COMIC VERSE—

SIGNAL

When the lights is green you go.
When the lights is red you stop.
But what do you do
When the lights turns blue
When orange and lavender spots?

신호등

신호등이 초록색이면 가고
신호등이 빨간색이면 멈춰야 해.
하지만 이럴 땐 어떡하지?
신호등이 누리끼리하거나 푸르딩딩한 색깔로 바뀌면?
신호등이 오렌지색 바탕에 연보라색 점들로 바뀌면?

— 셸 실버스타인 / 다락방의 등불

— Riddle —

(1) What belongs to yourself, but is used by other people more than by yourself?

(2) What is the strongest day of the week?

(3) What bus sailed across the Atlantic Ocean?

【해답】

"자기 것인데도 자기보다 남이 더 많이 쓰는 것은?"

(1) Your name

한 주일 가운데 가장 힘센 날은?

(2) Sunday{일요일 이외는 weekday(weak day)이므로}

"뭐라는 버스(bus)가 대서양을 횡단했는가?"

(3) Columbus.

3. 영어 명언을 음미해 보자.

— WISE SAYING —

A man of sixty has spent twenty years in bed and over
three years in eating.   — A Bennett

환갑이 된 사람은 20년을 잠자리에서, 3년을 식사하는 데 소
비했다.   — 아놀드 베넷

영국의 소설가이자 극작가인 Arnold Bennett(1867~1931)
의 말이다.

60세 환갑의 나이라 하더라도 알맹이 삶은 37년밖에 산 것이
아니라는 이야기다. 거기다 화장실에서 보낸 시간, 꾸벅꾸벅 존
시간, 멍하니 앉아 있은 시간……등등을 전부 빼면 실제로 산 시
간은 절반도 되지 않는다. 시간을 유용하게 쓰라는 가르침이다.

Where all think alike, no one thinks very much.

— W. Lippman

모든 인간이 같은 생각을 하는 곳에서는 아무도 많이 생각하지 않는다.   — 월터 리프먼

Walter Lippman은 미국의 유명한 정치평론가이다.

여기서 Where(곳)를 nation(국가)으로 바꾸어 생각하면 알기 쉽다. 그 국가의 체제가 독제주의여서 국민에게 같은 생각만을 하도록 통제되면 어느덧 사람들은 깊이 생각하려 들지 않고 시키는 대로 하게 된다.

이것은 위험한 일이다. 과거의 나치 독일이 그랬고, 현재는 북한의 체제가 그 대표적인 예다. 일본의 제국주의 시대에 수많은 젊은이들이 이 획일적인 교육으로 천황폐하를 위해 전쟁터에 나가 죽어 갔던 것이다.

The liar's punishment is not in the least that he is not be lieved, but he cannot believe anyone else.

— G. B. Shaw

거짓말쟁이가 받는 벌은 사람들이 믿어 주지 않는다는 것이 전혀 아니고, 그 자신 아무도 믿을 수 없다는 것이다.

— 조지 버나드 쇼

*The liar's punishment : 거짓말쟁이가 받는 벌
*not in the least : ~는 전혀 ~가 아니다

거짓말의 상습범이라면 자기가 남에게 하는 말을 믿어 주려니 생각지도 않고 덮어놓고 지껄인다. 따라서 가책이 되지 않는다.
그러나 차츰 남들도 자기와 마찬가지로 거짓말을 하고 있는 것으로 생각하게 되어 모든 사람을 믿지 못하게 되는 것이다. 이야 말로 비극이다.

There are more things in heaven and earth, Horatio,
than are dreamt of in your philosophy.

— W. Shakespeare

이 천지 간에는 자네의 철학으로는 꿈도 못 꿀 많은 일이 있다
네, 호레이쇼여.

햄릿이 친구인 철학자 호레이쇼에게 한 유명한 말이다. 영국의
문호 셰익스피어는 영국이 그들의 식민지였던 인도와도 바꿀 수
없다고 할 정도로 실로 주옥같은 오묘한 말을 많이 남기고 있다.

인간이 달에 가고, 컴퓨터에게 모든 일을 처리하게 하는 인류
이지만, 그들이 자살을 택할 수밖에 없을 만큼 심각한 일이 개개
인에게는 있다.

이 염세적인 말은 지식을 탐구하는 젊은 대학생들에게 학문과
인생에 대한 회의를 느끼게 하는 모양이다. 옛날의 대학생들은 자
주 이 말을 입에 올리곤 했다.

You can fool all the people some of the time, and some of the people all the time, but you cannot fool all the people all the time.   — A Lincoln

모든 국민을 잠시 속일 수는 있다. 얼마간의 국민을 언제까지고 속일 수는 있다. 하지만 모든 국민을 언제까지나 속일 수는 없다.   — 에이브러햄 링컨

저 유명한 게티즈버그의 연설에서 『the government of the people, by the people, for the people.』(국민의, 국민에 의한, 국민을 위한 정부)이라고 민주정치의 근본을 밝힌 미국의 16대 대통령 Abraham Lincoln의 말이다.

특히 우리나라의 과거 군사독재자들이 이 말을 우습게 여겼다가 결국은 철창신세까지 지고 말았다. 잠시는 국민을 속이고 억압할 수 있으나 언제까지 계속될 수는 없다. 힘없고 어리석어 보이기만 하던 국민들도 노도와 같이 들고 일어나 항거하면 무서운 힘을 발휘하게 되는 것이다.

We read to say that we have read.

— Charles Lamb

읽어 봤다고 말하기 위해서 우리는 읽는다.

— 찰스 램

영국의 유명한 수필가 Charles Lamb(1775~1834)의 말이다. 그의 수필집 《엘리야 수필》은 읽어 봤다고 말하기 위해서가 아니라 반드시 읽어 봐야 할 책이다.

화제의 베스트셀러이니까, 또는 대화에 끼지 못하면 안되니까, 하는 동기에서 책을 읽다가는 "나는 『로미오』는 읽어봤지만 『줄리엣』은 아직 못 읽었다"는 꼴이 되기 십상이다. 독서란 인격의 장식품이 아니다. 지적인 욕구에서 진지하게 읽는 책이야 말로 가치가 있는 것이다.

If Winter comes, can Spring be far behind?

— Percy B. Shelley

겨울이 오면, 봄도 멀지 않으리.

— 퍼시 B. 셸리

Percy Bysshe Shelley는 Byron, Keats와 더불어 영국 낭만파 시인의 대표 격으로 그의 시 『서풍에 부치는 시』(Ode to the West Wind)에 나오는 유명한 구절이다.

겨울이 춥고 긴 우리나라나 영국인들에게는 실감이 나는 시 구절이다.

그러나 여기에서는 꼭 봄을 기다리는 마음만을 노래한 것이 아니다. 고생스럽고 어려운 시절을 winter에 비유하고, 희망을 이룩하는 좋은 시절을 spring에 비유해서, 비록 당장은 험난한 처지에 있더라도 희망을 잃지 말라는 뜻이다. 우리 속담에 고진감래(苦盡甘來)라고 있는데, 바로 이에 해당한다.

"Cofident and afraid, we labor on——not towaras a strategy of annihilation but towaras a strategy of peace."   — J. F. Kennedy

『자신을 가지고 두려움 없이 우리는 인류 파멸의 전력을 향해서가 아니라, 평화의 전력을 향해서 계속 노력합시다.』

1963년 9월 29일 UN 총회에서 행한 故 Kennedy 대통령의 끝머리이다. 힘찬 이 맺음말에서 그의 결의를 읽을 수가 있다. 이 걸출한 대통령의 죽음은 미국뿐만 아니라 전 세계의 큰 손실이었다.

100 years of delay since President Lincoln freed the slaves, yet their heirs, their grandsons are not fully free. (링컨 대통령의 노예를 해방한 지 벌써 100년이 경과했지만 아직도 그들의 자손은 완전히 해방되지 않고 있다)라고 흑인 문제를 개탄한 그가 좀 더 살아 있었더라면—May be rest in peace!

An iron curtain has descended across the Continent.
— Winston Chuchil

철의 장막이 대륙을 가로질러 내려졌다.

이 말은 영국의 처칠 총리가 1946년 3월 미국을 방문하여 미주리 주의 풀턴에서 행한 연설에서 한 말이다.

당시 처칠은 제2차 세계대전 후 유럽 전승국들이 동서 양진영으로 분단된 상황에 대하여 "발트해의 슈체친에서부터 아드리아해의 트리에스테에 이르기까지 대륙을 횡단하여 '철의 장막'이 드리워져 있다(From Stettin in the Baltic to Trieste in the Adriatic an 'iron curtain' has descended across the Continent)"라고 하였다. 독일은 동독과 서독으로 갈라졌는데 여기에 폭 250m 길이 1400km의 장벽이 설치되었고, 헝가리와 오스트리아도 국경을 장벽으로 막았기 때문이다.

이 말은 소련의 폐쇄적이고 비밀주의적인 긴장정책과 동유럽의 경찰국가(警察國家)를 격렬히 비난한 것으로, 제2차세계대전 이후 연합국의 소련 권에 대한 불신의 표현이었다.

4. 영어속담에 대해 알아보자.

〈우리 속담과 같은 의미의 영어 속담〉

A A buddy from my old stomping grounds.
어릴 적부터 같이 뛰어 놀던 친구(竹馬故友)

Adding insult to injury.
엎친 데 덮친 격(雪上加霜)

A drop in the bucket.
코끼리 비스킷(鳥足之血)

After the storm comes the calm.
비 온 뒤에 땅이 더 굳어진다.

A good medicine tastes bitter.
좋은 약은 입에 쓰다.

A journey of a thousand miles begins with a single step.
천릿길도 한 걸음부터.

A little knowledge is dangerous.
선무당이 사람 잡는다. 빈 수레가 요란하다.

A loaf of bread is better than the song of many birds.
금강산도 식후경.

A man is known by the company he keeps.

친구를 보면 그 친구를 알 수 있다.

Among the blind, the one-eyed is king.

장님 세상에는 애꾸가 왕이다.

A rags to riches story.

개천에서 용났다.

A rat in the trap.

독 안에 든 쥐

A rolling stone gathers no moss.

구르는 돌에는 이끼가 끼지 않는다.

A soft answer turn away wrath.

웃는 얼굴에 침 못 뱉는다.

As one sows, so shall he reap.

콩 심은 데 콩 나고, 팥 심은 데 팥 난다.

As poor as a church mouse.

교회 쥐만큼 가난하다. 찢어지게 가난하다.

A tree is known by its fruit.

될 성부른 나무 떡잎부터 알아본다.

A stitch in time saves nine.

호미로 막을 일을 가래로 막는다.

B Bad news travels puickly.

나쁜 소식이 빨리 퍼진다.

Beauty is in the eye of the beholder.

제 눈에 안경.

Be it ever so humble, there's no place like home.

집이 세상에서 가장 편한 곳이다.

Better be the head of a dog than the tail of a lion.

소의 꼬리가 되느니 닭의 머리가 되겠다. (鷄口牛後)

Between a rock and a hard place.

진퇴양난(進退兩難)이다.

Birds of a feather flock together.

끼리끼리 모인다. (類類相從유유상종)

Blood is thicker than water.

피는 물보다 진하다.

Born is barn.

꼬리가 길면 잡힌다.

C Can't get blood from a turnip.

벼룩의 간을 빼 먹는다.

Casting pearls before swine.

돼지에게 진주.

Castle in the air.

사상누각(砂上樓閣)

Charity begins at home.

팔은 안으로 굽는다.

Clothes make the man.

옷이 사람을 만든다.

Cut off your nose to spite your face.

누워서 침 뱉기.

D Do good and don't look back.

선을 행하고 대가를 바라지 마라.

Do into others as you would have them into you.

대접받고 싶으면 남에게 대접해라.

Don't back him into a corner.

개도 나갈 구멍을 보고 쫓아라.

Don't count your chickens before they hatch.

김칫국부터 마신다.

Don't mount a dead horse.

이미 엎질러진 물이다. (覆盃之水)

E Even a worm will turn.

지렁이도 밟으면 꿈틀거린다.

Even homer nods.

원숭이도 나무에서 떨어진다.

Every cloud has a silver lining.

화가 오히려 복이 된다. (轉禍爲福)

Every dog has his day.

쥐구멍에도 볕들 날 있다.

Every Jack has his jill.

짚신도 짝이 있다.

F Face the music.

울며 겨자 먹기.

Fight fire with fire.

불은 불로 다스린다. 눈에는 눈, 이에는 이 (以熱治熱).

Fools rush in the where angels fear to tread.

하룻강아지 범 무서운 줄 모른다.

Fortune knocks three times at everyone's door.

모든 사람에게 일생에 세 번은 기회가 찾아온다.

G Go home and kick the dog.

종로에서 뺨맞고 한강에서 눈 흘긴다.

Greed has no limits.

욕심은 끝이 없다. 말타면 경마 잡히고 싶다.

H Happiness and misery are not fated but self-sought.

인생은 개척하는 것이다.

Heaven helps those who help temselves.

하늘은 스스로 돕는 자를 돕는다.

He bit off more than he can chew.

송충이는 솔잎을 먹어야 한다.

He got what he bargained for.

자업자득(自業自得).

He that shoots often at last hit the mark.

칠전팔기(七顚八起).

I'll eat my hat.

내 손에 장을 지진다.

If at first you don't succeed, try, try gain.

칠전팔기(七顚八起).

Ignorance is bliss.

모르는 게 약이다.

In one ear and out the other.

한 귀로 듣고 한 귀로 흘린다.

It's a piece of cake.

누워서 떡 먹기, 식은 죽 먹기.

It's no use crying over spilt milk.

엎질러진 물은 다시 주워 담을 수 없다(覆水不返盆).

It takes two to tango.

손뼉도 마주쳐야 소리가 난다.

K Kill two birds with one stone.

일석이조(一石二鳥).

Knock at the door and it will be opened.

두드려라 그러면 열릴 것이다. 지성이면 감천.

L Learn wisdom by the follies of others.

타산지석(他山之石).

Let's get to the point.

거두절미(去頭截尾)하고.

Let sleeping dogs lie.

긁어 부스럼.

Life is full of ups and downs.

양지가 음지 되고 음지가 양지된다.

Little drops of water make the mighty ocean.

티끌 모아 태산.

Look before you leap.

돌다리도 두드려 보고 건너라.

Love me, love my dog.

아내가 예쁘면 처갓집 말뚝에도 절을 한다.

M Making a mountain out of a molehill.

침소봉대(針小棒大).

Many hands make light work.

백짓장도 맞들면 낫다.

Match made in heaven.

천생연분

Mend the barn after the horse is stolen.

소 잃고 외양간 고친다.

N Naked came we into the world and naked shall we depart from it.

인생은 빈손으로 왔다가 빈손으로 가는 것이다(空手來空手去).

Necessity is the mother of invention.

궁하면 통한다(窮則通).

No news is good news.

무소식이 희소식이다.

Nothing ventured, nothing gained.

호랑이 굴에 들어가야 호랑이를 잡는다(不入虎穴不得虎子).

O Once bitten, twice shy.

자라 보고 놀란 가슴 솥뚜껑 보고 놀란다.

Ones man sows and another man reaps.

재주는 곰이 부리고 돈은 되놈이 번다.

Out of the frying pan into the fire.

설상가상(雪上加霜). 갈수록 태산이다.

P Pie in the sky.

그림의 떡이다.

R Running around like chicken with its head cut off.

호떡집에 불났다.

S Searching for a needle in a haystack.

모래밭에서 바늘 찾기. 한양 가서 김서방 찾기.

Slow and steady wins the race.

천릿길도 한 걸음부터,

Sour grapes.

신 포도. 못 먹는 감 찔러나 본다.

Speak of the devil.

호랑이도 제 말하면 온다.

Stab somebody in the back

믿는 도끼에 발등 찍힌다.

Starts off with a bang and ends with a whimper.

용두사미(龍頭蛇尾).

Strike while the iron is hot.

쇠뿔도 단김에 빼라.

Sweet talk.

감언이설(甘言利說).

T Talking to the wall.

쇠귀에 경 읽기

The bee sucks honey out of the bitterest flowers.

고생 끝에 낙이 온다(苦盡甘來).

The end justifies the means.

모로 가도 서울만 가면 된다.

The grass is greener on the other side of the fence.

남의 떡이 커 보인다.

The pot calls the kettle black.

똥 묻은 개가 겨 묻은 개 나무란다.

There is no rule but the exceptions.

예외 없는 규칙은 없다.

The sparrow near a school sings the primer.

서당개 삼 년이면 풍월을 읊는다.

Thorn in the side.

눈엣가시.

Time heals all wounds.

세월이 약이다.

Time is flying never to return.

시간은 되돌릴 수 없다.

To each his own.

사람은 다 다르다. 제 멋에 산다.

To have the right chemistry.

이심전심(以心傳心).

Too many cooks spoil the broth.

사공이 많으면 배가 산으로 간다.

W Walls have ears.

낮말은 새가 듣고 밤말은 쥐가 듣는다. 벽에도 귀가 있다(牆有耳伏寇在側).

Well begun, half done.

시작이 반이다.

What she doesn't know won't hurt her.

모르는 게 약이다.

Where there's smoke, there is a way.

뜻이 있는 곳에 길이 있다.

Within a stone's throw.

엎드리면 코 닿는다.

Woman and weather are not to be trusted.

여자와 날씨는 믿을 게 못된다.

Worry wart.

걱정도 팔자.

Y You've cried wolf too many times.

콩으로 메주를 쑨다고 해도 믿지 않는다.

You don't know what you've got until you've lost it.

잃어버리기 전에는 무엇을 가졌는지 모른다. 구관이 명관이다.

You have to make hay while the sun shines.

해가 났을 때 건초를 말려라(기회를 놓치지 마라.)

Fun English trip
퍼즐영어

개정판 인쇄일 / 2022년 03월 21일
개정판 발행일 / 2022년 03월 25일
☆
엮은이 / Panda Collection
펴낸이 / 김동구
펴낸데 / ㉯ 明文堂
(창립 1923년 10월 1일)
서울특별시 종로구 윤보선길 61(안국동)
우체국 010579-01-000682
☎ (영업) 733-3039, 734-4798
(편집) 733-4748
fax. 734-9209
e-mail : mmdbook1@hanmail.net
등록 1977. 11. 19. 제 1-148호
☆
ISBN 979-11-91757-39-2   03740
☆
값 15,000원